Heinrich Wittstock

Älteres Zunftwesen in Bistritz bis ins 16. Jahrhundert

Programm

Heinrich Wittstock

Älteres Zunftwesen in Bistritz bis ins 16. Jahrhundert Programm

ISBN/EAN: 9783743695979

Hergestellt in Europa, USA, Kanada, Australien, Japan

Cover: Foto ©ninafisch / pixelio.de

Weitere Bücher finden Sie auf **www.hansebooks.com**

Austr. Wittstock
5180 b

Programm

des evangelischen

Obergymnasiums

und der

damit verbundenen Lehranstalten

in

BISTRITZ

am

Schluße des Schuljahres 1863/4

veröffentlicht vom Direktor

Heinrich Wittstock.

Inhalt:

1. Aelteres Zunftwesen in Bistritz bis ins 16. Jahrhundert.
2. Schulnachrichten. Beides vom Direktor.

Hermannstadt,
Buchdruckerei des Josef Drotleff.
1864.

Aelteres Zunft- und Gewerbewesen
in Bistritz
bis ins 16. Jahrhundert.

Wenn wir die geschichtliche Entwickelung der Hermannstädter und der Nösner Ansiedlung in ihren verschiedensten Beziehungen betrachten, so werden sich uns zwei, durch die mannigfaltigsten Erscheinungen begründete Bemerkungen in unwillkührlicher Weise aufdrängen. Die erste ist die, daß in der Regel die Hermannstädter Colonie vor ihrer Schwesteransieblung einen Schritt voraus hatte; die Zweite, daß troß der räumlichen Scheidung und der durch Jahrhunderte hinburch selbstständigen politischen Stellung beider Gaue die Entwickelungsmomente von Hermannstadt auf die gleichen Beziehungen im Nösnergau einen nicht zu verkennenden Einfluß ausübten. Die erste Thatsache läßt sich leicht daraus erklären, daß bei der kompakteren und größeren Masse der südlichen Ansiedlung sächsisches Volksleben sich daselbst auch kräftiger und konzentrirter offenbarte. Die zweite Thatsache dagegen gibt den Beweis davon, daß troß räumlicher Scheidung und politischer Unabhängigkeit, troß des Mangels an einem solchen gegenseitigen Verkehr und Austausch, wie sie gute Straßen und die Presse heutzutage gewähren, die Verbindung zwischen beiden Colonien eine geistig-starke und ihr Verkehr ein häufiger muß gewesen sein. Zum Belege für unsere Behauptungen dürfte es genügen darauf hinzuweisen, daß:

1. die Hermannstädter Colonie ihren festen politischen Zusammenschluß und die feste Basis ihrer politischen Rechte bereits in dem

Andreanum von 1224 erhielt, den gleichen Abschluß in seiner politischen Entwickelung der Nösnergau erst 1334 erlangte, wobei der Inbegriff seiner Rechte ausdrücklich der libertas Cibiniensis gleichgestellt wurde.

2. Während die Vereinigung der Kapitel im Hermannstädter Gau zu einem, dem politischen entsprechenden kirchlichen Ganzen und eine Fixirung der Rechte desselben mit dem Ende des zwölften Jahrhunderts als vollzogen betrachtet werden kann, kam die gleiche Vereinigung der Kapitel der norddeutschen Colonie nicht nur der Zeit nach später, sondern auch dem Wesen nach viel unvollständiger zu Stande.

3. Die Bewegung der Kirchenverbesserung tritt ebenfalls in der südlichen Colonie viel früher auf und ergreift die Masse des Volkes in viel durchdringenderer Weise als in der nördlichen, wo die Reformation mehr eine von oben durchgeführte zu sein scheint.

Ganz dasselbe Verhältniß wie bei den eben berührten Hauptpunkten unserer geschichtlichen Entwickelung zeigt sich auch in Betreff des Gewerbe- und Zunftwesens. Während nämlich bei der Hermannstädter Colonie in der Zunftregulation vom Jahre 1376*) die Gliederung des Zunft- und Gewerbewesens bereits in ziemlich bestimmten Umrissen sich darstellt, finden wir in Bistritz um dieselbe Zeit nur einige Spuren gleicher Organisation und selbst ein Jahrhundert später, wo im südlichen Gau zahlreiche Gesetze verschiedener Zünfte häufig sind müssen wir uns in Bistritz mit einer einzigen derartigen Erscheinung zufriedenstellen. Erst das Entstehen geschriebener Zunftartikel in den sächsischen Städten des südlichen Sachsenlandes wirkte auf Bistritz anregend zurück, wobei dann freilich nicht zu verkennen ist, daß trotz dieses Einflußes der Nordgau eine ziemliche Selbstständigkeit in diesem Theile der Gesetzgebung bewahrte, bis dann in der zweiten Hälfte des 16. Jahrhunderts, als beide Gaue zu einem politischen Ganzen zusammengewachsen waren, auch die Gesetzgebung im Zunft- und Gewerbewesen für beide eine gemeinschaftliche und einheitliche wurde.

---

*) Abgedruckt ist diese Urkunde in Grimm: Die politische Verwaltung des Großfürstenthums Siebenbürgen. Hermannstadt 1857. III. Band, pag. 5.

Obgleich nun die Zunftregulation von 1376 zunächst hier übergangen werden könnte, da sie nur für die Städte: Hermannstadt, Schäßburg, Mühlbach und Broos Gültigkeit hatte, so dürfte es doch nicht überflüßig sein, sie etwas näher ins Auge zu fassen, da sie in Verbindung mit den unten anzuführenden gleichzeitigen bistritzer Urkunden nicht nur selbst an klarem Verständniß gewinnen, sondern auch jene beiden Urkunden selbst verständlicher machen wird.

Es ist jedenfalls eine auffallende Erscheinung, daß König Ludwig I., dieser warme Freund der Sachsen und große Förderer ihrer Freiheit, zufolge der Urkunde von 1376 nicht nur kurz vor diesem Jahre die Zünfte zuerst aufhob und sprengte, sondern auch bei ihrer Wiederherstellung durch zwei von ihm ernannte Commissäre, den Bischof Göbel, und den Burgvogt Johann v. Schärfeneck, bei der Gesetzgebung der Nationsuniversität über Zunft- und Gewerbewesen intervenirte. Dieser letztere Umstand ist um so auffallender, als die zahlreichen spätern Zunftartikel und Constitutionen, insoferne sie sich nicht auf den Handel im ganzen Lande oder auf Zunftstreitigkeiten beziehen, entweder von den Zünften selbst, oder den städtischen Räthen oder der Nationsuniversität, nie aber vom Könige erlassen oder bestättiget sind.

Es liegt also die Frage nahe, wie kam es, daß der König so eigenmächtig in die legislatorische Kompetenz der Hermannstädter Colonie eingriff? Wenn wir jene Urkunde näher ins Auge fassen, und die gleichzeitigen Nachrichten über Zunft- und Gewerbewesen aus Bistritz damit vergleichen, so drängt sich uns unwillkührlich die Ansicht auf, daß vom Beginne gewerblicher Thätigkeit in Mitten der Sachsen bis auf jene Zunftregelung eine strenge Scheidung der verschiedenen Gewerbsthätigkeiten in scharf geschiedenen Zünften und eine feste Organisation der Zünfte auf Grund geschriebener Gesetze, überhaupt ein Zunftzwang, nicht bestanden habe. So lange nun Acker- und Weinbau die weitaus vorwiegende Beschäftigung der Sachsen bildete, war dergleichen auch nicht nothwendig; erst als der Zudrang zu gewerblicher Beschäftigung, zumal in den Städten, größer wurde, brachte es der sofort sich einstellende Corporationsgeist mit sich, daß man die unbequeme Konkurrenz durch allerlei Schwierigkeiten abzuhalten suchte. Man beschränkte die Zahl der Lehrjungen, setzte hohe Zunfttagen fest und forderte von Einwanderern Geburts- und Lehrbriefe, sowie Zeugnisse über guten Leumund.

So entstanden aus den Zünften und durch dieselben in mündlicher Ueberlieferung die zahlreichen alten schlechten Gesetze und Einrichtungen, von denen die Urkunde 1376 redet, und wurde die oft willkührliche Bedrückung durch dieselben eben bei dem Mangel geschriebener Gesetze nur um desto mehr gefördert und gestützt. Es ist kein Zweifel, daß die, durch den immer stärker werdenden Zunftzwang hervorgerufenen Klagen solcher Leute, welche man von der Zunft fernzuhalten suchte, dann aber auch Mißhelligkeiten, welche zwischen den Gewerbetreibenden einerseits, andererseits den Acker- und Weinbauern entstanden waren, König Ludwig I., der ein entschiedener Freund freiester Gewerbethätigkeit war, bewogen, alle Zunftabsonderung aufzuheben und volle Gewerbefreiheit, wie sie früher immer gewesen war, einzuführen, bis er später auf dringendes Ansuchen der Vertretung der 7 Stühle in die Wiederherstellung der Zünfte willigte. Aber diese Herstellung derselben sollte nicht auch zugleich eine Wiedereinführung ihrer beschränkenden Satzungen und Mißbräuche sein, daher die ungewöhnliche Erscheinung, daß der König die festzusetzenden Zunftartikel durch seine beiden Kommissäre überwachen ließ.

Betrachten wir nun die merkwürdige Urkunde von 1376 von diesem eben entwickelten Standpunkte aus, daß der König darin weniger das gab, was die Zünfte wünschten, als was die außerhalb der Zünfte stehenden für nothwendig zu ihrem Schutze hielten, so werden wir aus den getroffenen Bestimmungen sehr leicht auf die Mißbräuche, die man abhalten wollte, zurückschließen können. Es sind aber die Hauptpunkte dieser Bestimmungen folgende:

1. Jeder Handwerker darf nur ein Handwerk ausüben, bei Strafe von 20 Mark feinen Silbers.

2. Jeder Handwerker ist befugt, für seine Person sein Handwerk mit vollster Freiheit zu betreiben; im Einkauf von Rohmaterial und Verkauf seiner Erzeugnisse, sowie in der Zahl seiner Hülfsarbeiter unterliegt er gar keiner Beschränkung.

3. Niemand darf die Person seines Schuldners pfänden oder einen andern Handwerker demselben zu arbeiten hindern.

4. Wer einen Eingewanderten durch verläumberische Reden von der Zunft auszuschließen sucht, muß diese Verläumbungen beweisen oder eine entsprechende Strafe erleiden.

5. Kein eingewanderter Handwerker soll gezwungen sein, um seinen guten Ruf zu beweisen, in seine Heimat zu reisen und ein Zeugniß sich zu bringen, sondern Jeder, ob einheimisch oder fremd, der von tadellosen Sitten ist muß in die Zunft aufgenommen werden, gegen Erlag der genau festgesetzten Meistertare. Und zwar müssen dem Armen Termine zur Zahlung der Tare gestattet werden.

6. Strafgelder der Zünfte sollen für Kerzen und Leichenbegängnisse armer Meister verwendet werden.

7. Söhne, Töchter und Wittwen zünftiger Meister haben „ganze Zunft;" Gesellen, die solche Wittwen heirathen, halbe Zunft; halbe auch diejenigen, welche ein Handwerk in den vier obengenannten Städten gelernt haben.

8. Die Abänderung dieser Zunftartikel, die Forderung einer erhöhten Meistertare, endlich die Verweigerung der Aufnahme in die Zunft soll mit 20 Mark feinen Silbers gestraft werden.

In den, auf diese allgemeinen Bestimmungen folgenden Artikeln für die einzelnen Zünfte sind hauptsächlich die Lehrtare und Meistertare, sowie einige andere Anordnungen z. B. über Leichenbegängnisse u. s. w. enthalten. Unter den allgemeinen Bestimmungen ist aber noch eine, die ebenso intressant als dunkel erscheint. Es heißt nämlich gleich zu Anfang der Urkunde, wo von den Pflichten der zwei jährlich zu erwählenden Zunftmeister die Rede ist, daß dieselben den regelmäßigen Stuhlsversammlungen beiwohnen sollen, damit Mängel, die sich unter dem gemeinen Volke oder unter den Handwerkern fänden, daselbst vorgebracht, abgeschafft und verbessert werden könnten *). Dieses scheint darauf hinzudeuten, daß das Zunftwesen auch in Bezug auf das Verhältniß zwischen gewerblichen

---

*) „si qui fuerint defectus communis populi aut Mechanicorum ibidem proponantur emendentur pariter ac suppleantur."

Produzenten und Konsumenten zu mannigfaltigen Klagen Veranlassung gegeben hatte, und daß diesen Klagen durch die spezielle Stuhlsgesetzgebung abgeholfen werden sollte. Etwas Aehnliches werden wir um dieselbe Zeit im Nösner Gau wiederfinden, wo solche gegenseitigen Beschwerden in der That durch eine gemeinsame Uebereinkunft des gemeinen Volkes, d. i. der Landbevölkerung und der Handwerker in allgemeiner Gauversammlung behoben wurden.

Wir sind eben von der Annahme ausgegangen, daß bis zur Zunftregulirung von 1376 weder eine durchgängige strenge Scheidung der Gewerbe, noch geschriebene Zunftgesetze auf Sachsenboden dürften existirt haben. Zur Begründung dieser Behauptung, sowie überhaupt zur Beleuchtung der Gewerbsverhältnisse jener Zeit führen wir die zwei ältesten Dokumente an, welche sich auf das Gewerbe- und Zunftwesen des Nösner Gaues beziehen.

Zwischen der Fleischer- und Tuchscheererzunft von Bistritz waren um 1360 heftige Zwistigkeiten ausgebrochen. Die Fleischer verkauften Tuch mit der Elle öffentlich, was die Tuchscheerer natürlich nicht leiden wollten, sondern als Erzeuger des Tuches zugleich den Verschleiß desselben für sich allein in Anspruch nahmen. In wieweit die Sache in den untern Instanzen verhandelt wurde, ist unbekannt, doch insofern wahrscheinlich, da am Sonntag Lätare (7. März) 1361 Georg Göbel von Bistritz als Vertreter der dasigen Tuchmacherzunft nebst den Abgeordneten der Fleischerzunft vor König Ludwig I. in Großwardein erschienen, woselbst der erstere ersuchte, es möchte den Fleischern weiterhin die Veräußerung von Tuch mit der Elle untersagt werden. König Ludwig schenkte dieser Bitte Gehör und beauftragte den Szeklergrafen (der damals in der Regel auch Graf des Nösner Gaues war) die Fleischer vom Kleinverkauf des Tuches abzuhalten, mit dem ausdrücklichen, etwas komisch klingenden Zusatz, daß, wenn dieselben diesen Kleinhandel fortsetzen würden, dafür die Tuchscheerer ruhig und unbehindert Fleisch auszuschroten das Recht haben sollten [*].

Aus dieser Entscheidung, welche die Tuchmacher in solcher Weise gewiß weder erwartet noch gewünscht hatten, sieht man,

---

[*] Da die Urkunde so viel wir wissen, noch nicht veröffentlicht ist, so geben wir sie im Anhange unter Nr. 1 vollständig.

daß Ludwig kein Freund des Zunftzwanges war und es fällt durch sie ein Lichtstrahl sowohl auf die Aufhebung der Zünfte, als auch auf die Zunftregulation von 1376; die uns beide Maßregeln verständlicher und begreiflicher macht. Es war daher in der That eine Concession von Seite des Königs oder vielmehr seiner Kommissäre, wenn durch die Urkunde von 1376 die Ausübung zweier Gewerbe durch dieselbe Person bei Strafe von 20 Mark feinen Silbers verboten wurde.

Was aber den sonderbaren Umstand anbelangt, daß gerade Fleischer als Tuchhändler im Kleinen auftreten, dürfte derselbe am einfachsten daraus sich erklären, daß die Fleischer in Bistriz von jeher viel Schlachtvieh aus der Moldau bezogen. Sie mögen daher wahrscheinlich ihre Reisen um Schlachtvieh benützt haben, Gegenstände die vom schwarzen Meere herauf kamen, und darunter auch Tuch mit nach Hause zu bringen und im Großen sowie im Kleinen zu veräußern.

Da solche Güter an der Rodnauer Grenze verzollt werden mußten, so konnte ihre Einfuhr vom Könige nur gern gesehen werden, während das Intresse der Tuchmacher dieselbe abzuschneiden suchen mußte *).

Wie die eben angeführte Urkunde uns einigen Einblick in das Zunft- und Gewerbewesen jener Zeit gestattet, so in anderer Beziehung eine Uebereinkunft, welche am 6. Januar 1367 zwischen den Vertretern der Stadt und des Distriktes Bistriz, oder wie sie sich selber nennen, den Handwerkern und Weinbauern abgeschlossen wurde. Der Besitz von Weingärten außerhalb des Rösner Gaues, sowie die Einfuhr außerhalb desselben erzeugten Weines hatten den

---

*) In der Regulirung des Rodnauer Zolles, welche der Woywode Stiborius 1412 durchführte, werden als Gegenstände der Ein- und Ausfuhr mit folgenden Zollsätzen genannt:
    de quolibet Stamine panni ypri 32 grossi.
    de Stamine panni lewleu 24 grossi,
    de Stamine Colonicali medium florenum,
    de Stamine Polonicali ondecem denarios.
Von 30 Schweinen oder Schafen mußten eines, für eine Kuh oder einen Ochsen 2 denare als Zoll entrichtet werden. Siehe: Vereins-Archiv Neue Folge. IV. Band, II. Heft, pag. 287.

Weinbauern (der Landbau muß damals vorwiegend Weinbau gewesen sein) eine unangenehme Konkurrenz bereitet.

Die daraus entstandenen Streitigkeiten wurden nun in der oben bezeichneten Versammlung folgendermaßen geschlichtet.

Was den Weinbau anbetrifft, wurde festgesetzt:

1. Von der Weinlese bis zum Tage des Apostels Jakobus (25. Juli) soll Niemand Wein, der außerhalb des Distriktsgebietes erzeugt worden, in den Distrikt einführen dürfen. Dem Zuwiderhandelnden wird der Wein und das beste Zugthier vom Wagen, zum Besten des Ortes, wohin der Wein geführt werden sollte, eingezogen.

2. Besitzer von Weingärten außerhalb des Gaugebietes dürfen den, in denselben gesechsten Wein auch während jener Zeit einführen, aber der weitere Ankauf solcher Weingärten ist verboten.

3. Dieser in eigenen Weingärten außerhalb des Gaugebietes erzeugte Wein darf nach dem Feste des Märtyrers Georg (23. April) ebenfalls ohne Anstand ausgeschenkt werden.

4. Der städtische Rath soll Jahr um Jahr den Schenkwirthen die Weinpreise festsetzen, und die den Wein theurer ausschenken, bestrafen.

Gegenüber diesen Beschlüssen, welche die Weinbauer des Gaues, deren es übrigens auch in der Stadt damals nicht wenige gab, durch ein ziemlich weit getriebenes Prohibitivsystem in Schutz nahmen und neben dem edlen Heidendorfer auch den Dreimännerwein von Petersdorf, Waltersdorf, Neudorf und Kleinbistritz zu Ehren bringen mußten, wurden auch betreff des Gewerbewesens einige Anordnungen getroffen, die aber bei weitem weniger den Geist starrer Ausschließung und Beschränkung athmen. Dieselben enthalten folgendes:

1. Jedes Gewerbe, ob klein ob groß, bleibt in seinem uralten Rechte geschützt.

2. Auch betreffs der Geschäftsleute sollen jährlich vom Bistritzer Rath Anordnungen getroffen werden, um die Arbeit und den Preis derselben zu regeln.

3. Die Handwerker sollen ehrlicher Leute Kinder zur Lehre annehmen, um den Preis, in welchem man übereinkommen wird.

4. Unbescholtene Leute, welches Gewerbes immer, die sich in der Stadt ansäßig machen wollen, müssen zugelassen werden, gegen Entrichtung der bestehenden Gebühren und Steuern, sowie es nach uralter Gewohnheit gehalten worden ist *).

Hält man diese beiderseitigen Bestimmungen gegeneinander, so drängen sich uns sofort folgende Bemerkungen auf. Die zum Schutze des Weinbaues getroffenen Anordnungen sind nach ihrer vollen Tragweite klar und bestimmt. Sie haben den deutlichen Zweck, den einheimischen Weinbau zu befördern, nicht nur durch Verhinderung der fast ganz aufgehobenen Einfuhr, sondern auch durch das Verbot, Weinbau außerhalb des Gaugebietes zu treiben. Den Weinkonsumenten kommt nur die Anordnung zu Statten, daß der Weinpreis in den Schenken jährlich durch den Bistritzer Rath zu bestimmen ist.

Dagegen sind die Artikel der Urkunde, welche das Gewerbswesen betreffen, nicht nur ziemlich allgemein und unbestimmt, sondern sie kommen zum größten Theil wieder auch den Weinbauern, als den gewerblichen Konsumenten, zu Gute. Die meisten dieserartigen Bestimmungen gehen darauf aus, die Konkurrenz im Gewerbewesen zu fördern, und schützen den Konsumenten überdieß gegen Vertheuerung dadurch, daß auch für die Handwerkserzeugnisse jährlich vom Rathe die Preise festgesetzt werden sollten. Aus dem Allem läßt sich mit Sicherheit der Schluß ziehn, daß, wenn auch im 14. Jahrhundert ein Gewerbewesen in Bistritz bestand, dasselbe doch jedenfalls mehr nur Anfänge zeigte, die Weinkultur dagegen in Stadt und Land weitaus alle andern Beschäftigungen an Ausdehnung des Betriebes übertraf. Indem also einestheils der Weinbau übermäßig produzirte, die Handwerke anderseits die Nachfrage nach ihren Erzeugnissen nicht genügend befriedigen konnten, ergaben sich wie von selbst die durch die Gauversammlung gegebenen gesetzlichen Bestimmungen. Endlich dürfte auch die Annahme nicht unbegründet sein, daß, wie unentwickelt auch immer das Gewerbe-

---

*) Diese Urkunde ist im Archiv des Vereins für siebenbürgische Landeskunde, Neue Folge Band IV., Heft 2, pag. 265 und 267 abgedruckt.

wesen jener Zeit uns erscheint, der Korporationsgeist der Zünfte doch bereits zu ziemlicher Stärke sich entwickelt hatte. Wie käme es denn sonst, daß sowohl in der Zunftregulation von 1376, wie in der obigen Uebereinkunft vom Jahr 1367 gerade die Aufnahme von Lehrlingen und insbesondere die Zulassung zugewanderter Handwerker in die Zunft so nachdrücklich betont und hervorgehoben wird?

Intressant aber ist diese Urkunde vor allem in der Beziehung, weil sie eine praktische Durchführung und Verwirklichung jenes Punktes der Urkunde von 1376 ist, nach welchem die Vertreter der Zünfte den regelmäßigen Stuhlsversammlungen beiwohnen sollten, um Mängel, die sich unter dem gemeinen Volke oder unter den Handwerkern fänden, abstellen zu helfen.

In den beiden obigen Schriftstücken ist leider Alles enthalten, was wir über Gewerbe- und Zunftwesen des Nösner Gaues aus der ältesten Zeit überkommen haben, sowie die Urkunde von 1376 das einzige derartige Schriftstück für die Hermannstädter Colonie ist. Fast ein Jahrhundert bleiben wir nun ohne Nachricht. Mit der zweiten Hälfte des 15. Jahrhunderts jedoch beginnt eine Periode, welche an Urkunden und schriftlichen Nachrichten nicht Mangel leidet. Zahlreiche Zunftartikel mit den speziellsten Bestimmungen, Urkunden über Handel und Verkehr der Gewerbe, Schriftstücke über die Stellung der Zünfte zu einander, sowie über den Zusammenhang derselben Gewerbe in den verschiedensten Theilen des Landes bieten uns ein ziemlich klares und deutliches Bild des damaligen Zunft- und Gewerbewesens im ganzen Sachsenlande.

Um den gegen die frühere Periode wirklich auffallenden Reichthum an Schriftstücken dieser Art auch nur theilweise anschaulich zu machen, brauchen wir nur auf die Artikel verschiedener Zünfte hinzuweisen, als:

1. Der sächsischen Schuster vom Jahr 1455.
2. Der Kürschner in Schäßburg von 1484.
3. Der Kürschner in Bistriz aus derselben Zeit.
4. Der Schneider in Hermannstadt von 1485.
5. Der Weißgärber in Schäßburg von 1488.
6. Der Wagner in Hermannstadt von 1490.
7. Der Schuster in „ „ 1500.

8. Der Goldschmiede in Hermannstadt von 1504.
9. Der Schlosser und Sporer in Schäßburg von 1504.
10. Der Weber in Bistritz von 1505.
11. Der Schmiede in Hermannstadt von 1514.
12. Der Tischler, Maler und Glaser in Hermannstadt von 1520 *).

Das zahlreiche Auftreten von schriftlichen Dokumenten dieser Art in dem Zeitraume, welcher mit Beginn der zweiten Hälfte des 15. Jahrhunderts anhebt und bis zu der allgemeinen Zunftregulation von 1539 geht, ist eine so intressante Thatsache, daß man natürlich versucht ist zu fragen, worin dieselbe wohl ihren Grund gehabt haben dürfte? Wir glauben, das blühende Entfalten der Gewerbe, die wachsende Zahl der Handwerker in Städten und Märkten, die zahlreicher sich bildenden Zunftgenossenschaften brachten es mit sich, daß einestheils geschriebene Zunftartikel die durch lange Uebung thatsächlich bestehenden Gesetze fixiren mußten, um ewige Streitigkeiten der Zunftgenossen hintanzuhalten; andererseits mußte aber zugleich die so bedeutend gesteigerte Konkurrenz den starren, ausschließenden Zunftgeist erhöhen, der dann gestützt auf königliche Privilegien und gesetzliche Zunftartikel gegen diese Konkurrenz in die Schranken zu treten versuchte. So erklärt sich das Erscheinen jener zahlreichen Schriftstücke auf eine sehr natürliche Weise und ihr Geist wird der aufgestellten Ansicht zur vollsten Bestätigung gereichen.

Daß aber in der That die Zunftgesetzgebung dieses Zeitraumes nur die Manifestirung des in den Zünften herrschenden Lebens und Geistes war, geht auch daraus deutlich hervor, daß die obenangeführten Zunftartikel alle aus der unmittelbaren gesetzgeberischen Initiative der Zünfte hervorgingen. Alle Artikel sind in und durch die Zünfte entstanden; manche wurden dem betreffenden städtischen Rathe zur Bestätigung unterbreitet; manche aber besitzen auch diese

---

*) Von diesen Artikeln ist Nr. 1 erwähnt in Grimm: die politische Verwaltung Siebenbürgens. Band III., Seite 11, Nr. 2, 4, 5, 6 und 11 sind angezogen in Seivert: die Stadt Hermannstadt pag. 26 ff., Nr. 7 und 9 befinden sich in den Laden der betreffenden Zünfte in Schäßburg Nr. 8, ebenso in Hermannstadt Nr. 3, ebenso in Bistritz Nr. 10, dagegen im Magistratsarchiv der letztern Stadt.

nicht, sondern ihre allgemeine Geltung beruhte allein auf dem moralischen Gewichte der zünftigen Korporation, welche diese Gesetze nicht nur gab, sondern auch gestützt auf die zähe Kraft des Zunftgeistes oft ohne Beihilfe des weltlichen Armes durchführte. Schon dieser eine Umstand beweist zur Genüge, bis zu welchem bedeutenden, ja gewaltigen Faktor des bürgerlichen Lebens damals das Gewerbe, und im Gewerbe die Zunft sich emporgearbeitet hatte *).

Indem wir nun zur Darstellung des Zunft- und Gewerbewesens, in der Mitte des 15. Jahrhunderts und weiter, übergehen, fällt uns zunächst die Erscheinung auf, daß auch in dieser Periode die Scheidung ähnlicher Gewerbe noch nicht vollständig sich vollzogen hatte und daher manche derselben über die Grenzen der Befugniß, ihr Handwerk ausdehnen zu dürfen, in fortwährendem Streite lagen. Hievon gibt uns ein Beispiel das Schuster- und Lederergewerbe in Rösen sowie im ganzen Sachsenlande.

Ursprünglich nämlich hatten die Schuster Rohhäute für den Bedarf ihres Handwerks sich selber ausgearbeitet und etwaigen Ueberschuß, den sie zu Schuhen nicht verarbeiten konnten, als Leder verkauft. Im Verlaufe der Zeit, als die Mitglieder sowohl dieses, als auch des Ledererhandwerkes sich mehrten, mußte bei diesen letzteren natürlicherweise das Streben entstehen, die ihnen schädliche Konkurrenz einzuschränken. So entstanden zwischen beiden Theilen Streitigkeiten, die bereits von Ladislaus V. im Jahr 1455 zu Gunsten der Lederer in folgender Weise entschieden wurden:

1. Die Schuster dürfen bei der Ausarbeitung von Rohhäuten nur ihre Lehrjungen, Frauen oder Töchter, durchaus aber keine Gesellen verwenden.

2. Kein Schuster darf in Gemeinschaft mit einem Mitmeister Rohhäute ausarbeiten, sondern nur in eigener Werkstatt so viel als er zu Schuhen verarbeiten kann. Lederverkauf ist ihnen durchaus verboten.

---

*) Unter den oben angeführten Zunftgesetzen sind z. B. Nr. 3, 4, 7, 10 und 11 von keiner Behörde bestätigt, und insbesondere geben die Artikel der Bistritzer Kürschner in ihren Nachtragsbestimmungen den Beweis, daß die Zünfte selbstständige Gesetzgebung ausübten.

3. Schustern jedoch, welche in Folge Alters ein schwaches Gesicht haben und daher keine Schuhe mehr machen können, ist es gestattet, nebst dem obigen Gesinde noch einen Gesellen bei der Ausarbeitung von Rohhäuten zu verwenden und das Leder zu verkaufen.

Diese Entscheidung konnte jedoch den Streit nicht zu Ende bringen, er dauerte vielmehr das ganze fünfzehnte Jahrhundert fort und mußte zu Anfang des 16. Jahrhunderts noch einmal die ganze Stufenleiter der Entscheidungen vom Bistritzer Magistrate bis hinauf zur königlichen Person durchmachen. Am 9. November 1512 entschied der Rösner Rath über Beschwerde der dortigen Lederer im Beisein von Vertretern beider Zünfte den Streit einfach dahin: die Schuster dürften das Ledererhandwerk nur für ihre eigene Person und im Verhältniß zu ihrem Lederbedarf treiben und Niemanden darin unterrichten. Am 27. November desselben Jahres bestätigte der Hermannstädter Rath als erste Appellationsinstanz über Berufung der Schusterzunft diesen Spruch, worauf die letztere an die Nationsuniversität sich wendete. Diese ging in ihrem Spruche vom 12. Dezember 1513 auf die Entscheidung des Königs Ladislaus zurück und formulirte den Spruch spezieller dahin, daß sie die oben unter 1 und 2 angeführten Punkte aufs Neue bestätigte*)

Aber auch hiemit nicht zufrieden appellirten die Schuster an die Person des Königs Ludwig, welcher die Sache auf Anrathen einer von ihm niedergesetzten Kommission zu nochmaliger Information an die Nationsuniversität zurückgab und nachdem diese ihre Aeußerung erstattet hatte, folgende endgiltige Entscheidung am 24. März 1520 traf:

1. Die Schuster dürfen bei der Ausarbeitung von Rohhäuten ihre Frauen, Töchter, Mägde, sowie ihre Lehrjungen, nicht jedoch ihre Gesellen und Söhne, die bei ihnen in Arbeitslohn stehen, verwenden.

2. Kein Schuster darf in Verbindung mit einem Mitmeister, sondern jeder nur für sich in seiner eigenen Werkstatt mit den oben-

---

*) Die Original-Urkunde über diesen Prozeß befindet sich in der Lade der bürgerlichen Ledererzunft in Bistritz.

genannten Hilfsarbeitern so viele Rohhäute verarbeiten, als er zur Anfertigung von Schuhen bedarf; das Leder als solches darf er nicht verkaufen.

3. Diese Bestimmungen gelten jedoch nur für die vier Städte Hermannstadt, Kronstadt, Bistritz und Klausenburg, wo die Lederer zahlreicher sind; in den übrigen Städten und Ortschaften dagegen dürfen die Schuster in gleicher Weise das Schuster- wie das Ledererhandwerk treiben.

4. Schuster, die in Folge Alters ein schwaches Gesicht haben und daher keine Schuhe verfertigen können, dürfen außer den obenbezeichneten Hilfsarbeitern noch einen Gesellen bei der Ausarbeitung von Rohhäuten verwenden und das Leder verkaufen.

5. Widersetzt sich irgend eine der beiden betheiligten Zünfte diesen Bestimmungen, so verfällt sie in eine Strafe von 1000 Gulden, eine diesem Spruch zuwiderhandelnde Person aber in eine Strafe von 40 Gulden, von denen jedesmal zwei Drittheile in den königlichen Fiskus zu fließen haben, das letzte Drittheil aber zur Befestigung derjenigen Stadt verwendet werden soll, in welcher die Uebertretung geschah *).

Diese königliche Entscheidung ist insofern sehr lehrreich, als wir daraus ersehen, daß selbst diejenigen Gewerbe, die solche alltäglichen Bedürfnisse erzeugten, wie das Lederergewerbe, noch am Beginn des 16. Jahrhunderts nicht in vielen Orten des Sachsenlandes so schwunghaft betrieben wurden, um die Nachfrage nach ihren Erzeugnissen vollständig zu befriedigen. Und doch suchten die Lederer die Konkurrenz der Schuster auszuschließen, ein Beweis dessen, daß die Idee des Zunftprivilegiums weniger die Folge übermäßiger Produktion, als vielmehr des gewöhnlichsten Eigennutzes ist.

Wenden wir uns nun zu den Zunftartikeln dieses Zeitraumes. Die ältesten Gesetze einer Bistritzer Zunft, die wir bis jetzt kennen, sind die der Kürschnerzunft. Dieselben in deutscher Sprache abgefaßt, dürften nach der Eigenthümlichkeit derselben und den Schriftzügen etwa der zweiten Hälfte des 15. Jahrhunderts angehören,

---

*) Das Original dieser königlichen Entscheidung befindet sich in der Lade der Bistritzer Ledererzunft.

und enthalten 27 Punkte, von denen jedoch nur 21 ursprüngliche, sechs aber im Laufe der Zeit hinzugekommen sind, und zwar der letzte ausdrücklich im Jahre 1534 *). Diese Artikel enthalten folgende Bestimmungen:

1. Wer Meister werden will, muß zum Meisterstücke folgendes machen: Einen Frauenpelz, ein „Fürstück" für eine Frau oder Jungfrau; einen Leibpelz für einen Mann. Wer ihm dabei hilft zahlt einen Gulden Strafe.

2. Ferner muß er von der Zunft, wo er gelernt, einen Lehrbrief und

3. Von dem Rathe seiner Vaterstadt einen Geburtsbrief beibringen.

4. Wer vor dem Meisterstücke heirathet, zahlt zur Strafe in die Zunftlade einen Zentner Wachs.

5. Bei Leichenbegängnissen tragen abwechselnd den Sarg die acht jüngsten Meister; wer das versäumt, zahlt ein Pfund Wachs **).

6. Die Kerzen auf dem Altare „unserer lieben Frau" in der Rößner Hauptkirche sollen jeden Sonnabend zur Vesper und jeden Sonntag in der Früh- und Hochmesse und zur Vesper; an den Feiertagen jedoch, an denen mit der großen Glocke geläutet wird, zu allen Aemtern angezündet werden. Dabei hilft der jüngste Meister, oder zahlt, wenn er's unterläßt, ein Pfund Wachs.

7. Welcher Meister zum Leichenbegängniß zu spät erscheint, büßt ein Pfund Wachs. Die Leiche wird begleitet bis zur Kirche, daselbst zu Opfer gegangen und wieder bis zum Trauerhause gefolgt.

8. Zünftige Meister dürfen weder mit nichtzünftigen Meistern noch mit Gesellen gemeinschaftlich das Handwerk treiben, bei Strafe von einem Zentner Wachs.

---

*) Wir lassen diese Artikel vollständig im Anhang unter Nr. 2 folgen.
**) So verstehe ich die Stelle: Dy leychen sol her tragyn: basz off den achten: czw vor ausz dy vir Jünksten. Ganz gleich heißt es in den Zunftartikeln der Schäßburger Kürschner von 1484: Her sal dy leychen tragen pyss auff den echten vnd fürawsz die vier Jüngst mester vnd von welchem das versaumpt wirdt, der verpust 4 pfundt wags. Man braucht nur an den Schäßburger und Bistritzer Dialekt zu denken um sofort die Lesearten: achten und echten zu begreifen.

9. Wer einen Mitmeister schmäht und ihn Lügner nennt, zahlt, wenn es bewiesen wird, jedem Meister ein Quentchen Silber.

10. Wer seine Waare durch einen „Walachen" oder sonst einen Fremden auf dem Markte herumtragen oder feilbieten läßt, büßt den Werth der Waare.

11. Wer Kürschwerk auf Jahrmärkten zusammenkauft und in Rösen in der Verkaufslaube oder in einem Hause wieder verkaufen will, zahlt so oft er darauf betreten wird 1 Gulden.

12. Seine Waare an zwei Stellen feilzubieten ist bei Strafe eines Guldens verboten.

13. Welcher Meister mit seinem Arbeitsgesinde eine von den Zunftsatzungen abweichende Uebereinkunft trifft, es sei mit Gaben, Geschenken oder im Lohn, wird um einen Zentner Wachs gestraft.

14. Wer einem Mitmeister das Gesinde abwendig macht, verfällt in die Strafe von einem halben Zentner Wachs.

15. Jeder Lehrjunge muß zuerst 14 Tage Probe arbeiten, dann wird er aufgedungen und hat 2 Gulden und 2 Pfund Wachs in die Zunftlade zu entrichten. Seine Eltern müssen „fromme Leute" sein.

16. Arbeitet der Lehrjunge länger als 14 Tage Probe, so verfällt der Meister in die Strafe von einem Gulden.

17. Hat ein Geselle bereits einem Meister gearbeitet, so darf denselben ein zweiter Meister ohne Vorwissen und Einwilligung des frühern Arbeitgebers nicht aufnehmen, bei Strafe von einem Pfund Wachs.

18. Dasselbe gilt, wenn ein Geselle dem Meister das Versprechen gab, eine bestimmte Zeit bei ihm zu arbeiten, darauf Geld im Voraus empfing und nun zu einem zweiten Meister in Arbeit gehen will.

19. Altes Pelzwerk „neu zu walken" ist bei der Strafe von einem Gulden verboten.

20. Wer in der Verkaufslaube seinen Mitmeistern die Käufer weglockt, büßt einen Gulden.

21. Am Frohnleichnamstage muß jeder Meister sammt Familie und Hausgesinde zur Messe und zu Opfer gehen, sonst wird er um einen halben Gulden gestraft.

Nun folgen die spätern Zusätze:

22. Wer am Frohnleichnamstage auf einen Jahrmarkt zieht und daher nicht zur Mess gehen kann, muss diese Ursache wenigstens zweien Meistern im Voraus anzeigen.

23. Unleserlich.

24. Wer das Meisterstück machen will, muss zuvor ein ganzes Jahr Meisterjahr arbeiten und bei dem Schneiden des Meisterstückes den Geburts- und Lehrbrief vorzeigen.

25. Kein Meister darf mehr denn **einen** Lehrjungen halten.

26. Ein junger Meister darf erst **drei** Jahre nach seinem Eintritt in die Zunft einen Lehrjungen aufnehmen.

27. Wer zur Lehre aufgenommen werden will, muss beim Aufdingen **sechs** Gulden in die Zunftkasse zahlen.

Vergleichen wir nun die Bestimmungen dieser Kürschnerzunftartikel mit den Anordnungen der Zunftregulation von 1376, so werden wir finden, dass sie in gewissen Hauptrichtungen übereinstimmen. In beiden zerfallen nämlich die Vorschriften in kirchlich-religiöse, polizeiliche und rein gewerbliche; aber der Geist beider Gesetze ist doch ein sehr verschiedener. Die älteren Anordnungen geben mehr nur Grundzüge, das Spezielle tritt zurück und das Ganze durchweht, wie wir bereits oben zeigten, ein gewisser Geist des Freisinns. In den Artikeln des 15. Jahrhunderts dagegen ist Alles bis ins Einzelnste festgesetzt und überall blickt schon engherziger Zunftzwang hervor. Abgesehen von den etwas kleinlichen Bestimmungen über die Feier des Frohnleichnamsfestes und die Abhaltung der Leichenbegängnisse; abgesehen auch von der, vielleicht durch die Zeitverhältnisse gerechtfertigten, Erhöhung der Strafe für Beleidigungen der Mitmeister von 6 Denaren auf ein Quentchen Silber; tritt uns jener Geist der Ausschliessung und Beschränkung individueller Freiheit insbesondere in den Theilen entgegen, welche sich auf die rein gewerblichen Verhältnisse der Zunftordnung beziehen. Während z. B. das Gesetz von 1376 die Aufnahme in die Zunft nur von einem unbescholtenen Rufe und der Erlegung der Meistertaxe abhängig macht, verlangen die Kürschnerzunftartikel nicht nur die Anfertigung eines Meisterstückes, sondern auch die Beibringung eines Lehr- und Geburtsbriefes und zwar soll der letztere von dem Rathe der Vaterstabt ausgefertiget sein. Welche schwer zu erfüllende Bedingung für Ausländer in jener Zeit der mangelnden Posten und des spärlichen Verkehrs auf weite Entfernungen. Ferner sind an die Stelle der unbeschränktesten Freiheit im Betriebe des Handwerkes, im Halten von Hülfsarbeitern, im Kauf und Verkauf des Rohmateriales und der Gewerbserzeugnisse eine Unzahl diese Freiheit aufhebender Bestimmungen getreten. Man darf dem Mitmeister die Hülfsarbeiter nicht abwendig machen; keinen Gesellen annehmen, der bereits bei einem andern Meister in Arbeit gestanden hat, ohne Vorwissen desselben; darf dem Gesellen nur den von der Zunft bestimmten Arbeitslohn zahlen. Es ist straffällig fremde fertige Arbeit des Handels wegen zu kaufen; die selbstangefertigte Waare nicht durch fremde Leute, auch nicht an zwei Stätten feilbieten. Und hiemit nicht genug, wir sehen vielmehr diese Beschränkungen in der freien Bewegung des Einzelnen sich nur noch steigern. Die Lehrtaxe steigt von 2 auf 6 Gulden; man darf auch nicht mehr als **einen** Lehrling in derselben Zeit halten; ein junger Meister kann selbst dieses beschränkte Recht **drei Jahre** hindurch nicht ausüben und will man in die Zunft eintreten, muß man endlich ein ganzes Jahr als Geselle das sogenannte Meisterjahr arbeiten.

So sehen wir an diesem einen Beispiele in recht klarer und anschaulicher Weise die immer enger und fester werdenden Bande des Zunftzwanges um die freie Entwickelung individueller Thätigkeit sich schlingen und dieselbe wie ein unzerreißbares Netz einschnüren. Das Individuum geht allmählig in der Zunft ganz auf und alles Recht des Einzelnen ist schließlich konzentrirt in dem Rechte der Zunft und von demselben vollständig absorbirt. Diese Erscheinung finden wir aber nicht nur bei der Kürschnerzunft in Bistritz, sondern ebensogut bei den andern Zünften des ganzen Sachsenlandes und all' jener Landesstädte, deren Gewerbe diese Zunftordnungen meist entlehnten. Man vergleiche nur die Auszüge aus Zunftsatzungen der zweiten Hälfte des 15. Jahrhunderts, welche Seiwert in seiner Geschichte der Stadt Hermannstadt mittheilt und man wird sofort erkennen, wie **ein Geist** alle diese Erzeugnisse der damaligen Gewerbegesetzgebung durchweht.

Der Zeit nach am nächsten stehen den angeführten Zunftgesetzen der Kürschner die der Bistritzer Weberzunft. Auch diese sind wie die vorigen in deutscher Sprache abgefaßt und wurden im Jahre 1505 niedergeschrieben. Und wie die Kürschnerzunftartikel so sind auch diese von keiner politischen Behörde genehmigt, obgleich in ihnen mehrfach auf die Hülfe und Unterstützung des Bistritzer Rathes gerechnet wird.*)

Dieses Zunftgesetz enthält in zehn Artikeln folgende Bestimmungen:

1. Sollten ausgelernte Weber in Rösen nicht in die Zunft sich einrichten und an gegenwärtige Artikel nicht halten wollen, so soll die Ausübung des Gewerbes ihnen verboten und ihr Eintritt in die Zunft mit Hülfe des Rathes erzwungen werden.

2. Am Vortag des Wochenmarktes (Montag) Garn zu kaufen ist einem nichtzünftigen Meister untersagt. Ebenso dürfen weder zünftige noch unzünftige Weber in die Dörfer hinausziehen, um daselbst Garn aufzukaufen, bei Strafe von 1 Gulden.

3. Leinwand die halb „wirken" halb „hänfen" ist, soll weggenommen und verbrannt, der zünftige Meister überdieß nach Erkenntniß der Zunft dafür gestraft werden.

4. Bei jedem Stück Leinwand, das kürzer ist als 100 Ellen, wird für jede fehlende Elle ein Pfund Wachs gezahlt.

5. Hausfrauen dürfen nur Garn, welches von ihrem Gesinde gesponnen wurde, zu Leinwand, und zwar nur zum eigenen Gebrauche verarbeiten.

6. Ledige Gesellen und Frauenzimmer sollen weder in der Stadt noch auf offenem Lande Weberei treiben; geschehe das, so soll mit Hülfe des Rathes ihnen das Handwerk gelegt werden.

7. Der Leinschnitt ist nach alter Gepflogenheit nur zünftigen Meistern gestattet.

8. Nichtzünftigen Meistern sind die Lehrjungen mit Hülfe des Rathes wegzunehmen und die Aufnahme anderer Lehrlinge nicht zu gestatten.

9. Blaugezogene Arbeit, die nicht die vorgeschriebene Länge oder Breite hat, wird für jedes an der Länge und Breite fehlende

---

*) Diese Urkunde findet sich gedruckt im Vereins Archiv neue Folge Band 4, Heft 3, Seite 91.

Maß, mit je einem Pfund Wachs gestraft. Ein Pfund Wachs zahlt auch der Strafe, der gewöhnliche Leinwand zu schmal macht. Gleiche mangelhafte Arbeit unzünftiger Meister wird dagegen der Rath nach seiner Erkenntniß bestrafen.

10. Schlechte Leinwand von auswärtigen Meistern eingeführt, sollen die Schaumeister der Zunft überwachen und anzeigen, damit sie von dem städtischen Rathe eingezogen werde. *)

Zunächst ist an diesem Gesetze sehr bemerkenswerth die Forderung, daß der Gewerbsbetrieb außerzünftiger Meister nicht solle geduldet werden. Die Weber sind in diesem Punkte, wie es scheint, viel strenger als die Kürschner; denn jene verbieten zwar in dem 8. Artikel ihrer Zunftordnung die Verbindung zwischen zünftigen und nicht zünftigen Meistern zu gemeinsamem Gewerbsbetriebe, aber daß diesen letztern die Ausübung ihres Handwerkes damit überhaupt verwehrt sei, geht daraus keineswegs hervor. Doch ist diese Bestimmung eine so naturgemäße Consequenz der Idee geschlossener Gewerbsverbindungen, daß uns eher die Abwesenheit als das Dasein einer solchen Forderung auffallen muß. Auch findet sich bereits in dem Zunftgesetz der Klausenburger Kürschner vom Jahre 1369 die Anordnung, daß Niemand der nicht der Zunft als Mitglied angehöre, auf eigene Faust das Kürschner Handwerk in eigener Werkstatt treiben dürfe, außer mit Einwilligung der Zunft **). Ein Beweis zugleich für das Dasein nichtzünftiger Meister in einem Ort, wo eine Zunft bestand, und zugleich für die naturgemäße Intention der Zunft, dieselben auszurotten. Aehnliche Bestimmungen finden sich in den Zunftartikeln der Hermannstädter Schuster von 1500, der Schäßburger Schlosser und Sporer von 1504 und der Hermannstädter Tischler, Maler und Glaserer, doch alle diese fordern nur die Unterwerfung eines zünftigen Meisters unter die angenommenen Zunftsatzungen und die Ausschließung des Widersetzlichen aus

---

*) Die Formulirung dieses letzten Punktes, insbesondere die Wendung: „So pit wyr, das yr vns czwschawer czw dem wolt lassen seyn" scheinen deutlich darauf hinzuweisen, daß dieses Zunftgesetz dem Bistritzer Rathe zur Bestätigung vorgelegt werden sollte. Ob es aber wirklich geschehen, läßt sich nicht bestimmen.

**) Siehe Vereinsarchiv, Neue Folge, Bd. IV. Heft 2. pag. 266.

der Zunft, keineswegs aber, daß den unzünftigen Meistern der Betrieb des Gewerbes überhaupt gänzlich verboten sein solle *).

An den oben angeführten Artikeln der Weber ist aber auch das zu bemerken, wie in ihnen die Zunftgesetzgebung in dem Bestreben, das Gewerbe zu monopolisiren, aus der Zunftgenossenschaft heraus bis in die geheiligten Räume des Hauses sich wagt und der fleißigen Hausfrau gebieten will, wieviel und welches Gespinnst sie zu ihres eigenen Hauses Nothdurft gebrauchen und nicht gebrauchen dürfe. Es ist in die Augen fallend, auf welch' gefährliche Bahnen damit sich die omnipotente Zunft wagte und wie sie sich auf Anordnungen einließ, die selbst durch ein System der widerlichsten Spionirerei höchst unvollkommen oder auch gar nicht konnten durchgeführt werden.

Das scheint denn auch mit diesen Artikeln der Weberzunft der Fall gewesen zu sein. Denn im Jahre 1536 erschienen Vertreter der Weberzünfte aus Hermannstadt, Schäßburg, Medwisch, Bistritz und Mühlbach im Namen sämmtlicher Leineweber des ganzen Sachsenlandes vor der Nationsuniversität und beschwerten sich, daß es in dem Gebiete der sächsischen Stühle sehr viele Leute gäbe, welche die Leineweberei betrieben, ohne der Weberzunft anzugehören und daß sie durch dieselben im Ankauf des Gespinnstes und Garnes und im Verkauf der Leinwand sehr beeinträchtigt würden. Ueberdieß

---

*) In den Artikeln der Hermannstädter Maler, Tischler und Glaserer heißt es: Item ob ymantz eynes andern hantwergs befunden würt, der vnser hantwerg treyben würt, als oben geschrieben stet, der sol dem gericht angesagt, vnnd do gestrofft werdenn.

Die Zunftordnung der Hermannstädter Schuster von 1500 setzt fest daß der Mitmeister, der sich den gegenwärtigen Satzungen widersetze: „nec Ipse cum tota ejus familia, et filiys sit Acceptus ad czecham neque talem vt rebellem et contumacem in confraternitatis nostre sociectate habere volumus, sed debet extrudj, et excludi et nichil in medium nostri et Czecha habeat disponere etc."

Ingleichen die Artikel der Schlosser und Sporer in Schäßburg vom Jahr 1504: „Item quicunque Eiusdem artificy sociorum cupiens et volens hic in illa Vrbe contrahere Matrimonium debet prius requirere Magistros et Annuentiam ab Eisdem petere, Et ad ipsam Czecham, in quantum in ea esse voluerit, astringi ad faciendas iustas probas" etc.

gäbe es viele Frauen anderer Handwerker, welche Leinwand zusammenkauften und an Wochen- und Jahrmärkten öffentlich feil böten.

Auf diese Klagen entschied die Nationsuniversität folgendermaßen: Der Einkauf und Verkauf von Leinwand bleibe auch fernerhin den genannten Frauen gestattet, doch dürften sie die Elle nicht wohlfeiler als für 3 Denare geben. Ebenso sei ihnen der Handel mit Säcken, Ranzen und Hemden unverwehrt, dagegen müssen die Weber grobe Leinwand zu 1 Denar die Elle beständig an den Wochenmärkten feil bieten.

Weiters wurde allen Leuten im Gebiete des Sachsenlandes verboten gesponnenen Hanf und Lein aufzukaufen, um ihn entweder zu eigenem Gebrauche verarbeiten zu lassen oder als Leinwand zu verkaufen. Nur im eigenen Hause verfertigtes Gespinnst darf von den Hausfrauen gewoben werden. Insbesondere sollte es verboten sein, den Szeklern und Walachen und andern Leuten, welche die Stühle Schäßburg, Großschenk, Reps und Leschkirch durchzögen um Gespinnst zu kaufen, dieses denselben zu verkaufen.

Ferners wurde festgesetzt: da sehr häufig gefälschte Leinwand in dem Handel vorkomme, deren Faden aus Hanf und Flachs, oder Hanf und Werg zusammengesponnen sei, so solle alle derartige Leinwand durch die öffentlichen Beamten weggenommen und eingezogen werden.

Endlich wurde auch auf den Umstand Rücksicht genommen, daß sehr viele Leute im Sachsenlande, obgleich nicht nach echtem Zunftgebrauch gebildete Meister, doch das Handwerk ausübten, zwei und mehr Lehrjungen hielten und selbst Frauenzimmer bei der Weberei verwendeten. Wenn nun diese Lehrjungen um geringen Preis bei jenen Leuten ausgelernt hätten, so kämen sie in die Städte zu zünftigen Meistern und wünschten bei denselben in Arbeit zu treten. Darüber setzte die Nationsuniversität fest, daß derartige außerhalb der Zunft unterrichtete Lehrjungen und Gesellen nicht als solche betrachtet und daher nicht in Arbeit genommen werden sollten *).

---

*) Diese Urkunde datirt: „Cibiny In generali nostra Judiciaria congregacione, In festo Beati Andree Apostoli Anno domini Millesimo, Quingentesimo Trigesimo sexto" befindet sich im Original in der Zunftlade der Schäßburger Weber.

Man sieht an dieser Entscheidung der höchsten Behörde des Sachsenlandes, daß wenn dieselbe auch die allgemeinen Grundsätze des damaligen Zunftwesens anerkannte, sie doch dem abschließenden Charakter der zünftigen Korporationen nicht in allem und jedem nachgab. So verlangte z. B. sowohl das Zunftgesetz der Bistritzer Weber von 1505, als auch das obige Ansuchen sämmtlicher sächsischer Weber, daß den zünftigen Meistern allein der Leinschnitt, d. i. der Kleinverkauf von Leinwand gestattet sein solle, während die Nationsuniversität in ihrem bezüglichen Spruche nur den Handel mit grober Leinwand zum Monopole der Weber machte, den Kauf und Verkauf feinerer Leinwand jedoch mehr, weniger frei gab.

Es ist übrigens natürlich, daß sobald der Zunftgeist darauf ausging das ganze Gewerbewesen nach seinen, jeder freien Bewegung des Einzelnen abholden Ideen zu organisiren, die Einsicht nicht lange ausbleiben konnte, das einfache Mittel der Zunftsatzungen reiche nicht hin, diese Absicht vollständig zu verwirklichen. Die Zunftgesetzgebung konnte allerdings durch Erhöhung der Lehr- und Meistertaxe, durch die Hindernisse des Geburts- und Lehrbriefes, durch Meisterjahr und Meisterstück, endlich durch Beschränkung der Zahl der Hülfsarbeiter, die ein Meister halten durfte, die Konkurrenz in der Erzeugung von gewerblichen Gegenständen mäßigen: aber einestheils beschränkte sich die Giltigkeit solcher Satzungen in der Regel nur auf einen Industrieort, anderntheils war dem heimischen und fremden Meister durch die Freiheit im Ankauf des Rohmateriales und Verkauf seiner Erzeugnisse, durch Einfuhr- und Ausfuhrhandel noch immer ein Mittel an die Hand gegeben, sich selbstständig zu bewegen, die Mitkonkurrenz der andern Meister zu überflügeln und so sich zum Theil jenen beengenden Fesseln des Zunftzwanges zu entreißen. Folgerichtig mußte also der Zunftgeist, jemehr er erstarkte und seiner Ziele sich bewußt wurde, dahin streben, den Einkauf und Verkauf, die Einfuhr und Ausfuhr zu einem Rechte der Zunft und nicht des Einzelnen zu machen; die Preise des Rohmateriales und der Industrie-Erzeugnisse gleicherweise durch die Zunftgesetzgebung zu regeln und alle Zunftsatzungen desselben Gewerbes im ganzen Lande, seien diese Satzungen, welcher Art immer, gleichmäßig und völlig übereinstimmend zu machen. Und so stellt es sich denn in der Wirklichkeit allerdings in der Art heraus. Das Streben der Zünfte in der obenbezeichneten Periode ging in letzter Reihe auf die völlige Vernichtung aller und jeder Konkurrenz; die Wege dazu waren theils die Privilegien über Handel und Verkehr, theils die Verbindung der sächsischen Zünfte eines Gewerbes zu der sogenannten Landeszunft.

Was zuerst die Beschränkungen in der Freiheit des Handelsverkehres mit Rohmaterial und Erzeugnissen anbetrifft, finden sich Anfänge davon bereits in der Zunftregulation von 1376. So durfte nach derselben kein Handelsmann, weder ausländischer noch inländischer, Häute von Hornvieh in geringeren Quantitäten als 25 auf einmal aufkaufen, zum Schutze der Lederer und Schuster; den Kürschnern kam die Bestimmung zu Gute, daß Eichhörnchen Häute nur in Gebünden von 100, Lammfelle von 50, Fuchs- und Marderbälge von 25 Stücken von fremden Käufern dürften gekauft werden, wobei übrigens den Vermittler des Kaufes kein Kürschnermeister bilden, auch nicht selbst solche Felle käuflich überlassen solle. Ingleichen wird der Preis für den Reif eines Weinfasses auf 3 Denare festgesetzt.

In diesen Bestimmungen wird der Aufkauf und die Ausfuhr der Wildhäute doch noch unter gewissen Bedingungen gestattet, aber bereits unter König Matthias wurde in den Jahren 1466 und 1489 **jede Ausfuhr** von nicht ausgearbeiteten Lammfellen und Wildhäuten vollständig untersagt *), und Wladislaus bestätigte diese Verordnung seines Vorgängers im Jahre 1492. Nach dieser letztern Urkunde aber dürfen nicht nur keine Lammfelle und Wildhäute aus Siebenbürgen durch Handelsleute ausgeführt werden, sondern es sollen auch die Mauthbeamten am Rothenthurm solcherlei Rohwaare, welche aus der Walachei kommt, nicht auf eigene Rechnung übernehmen, um damit Handel zu treiben **). Noch viel schärfer werden diese beiden Punkte in einer andern Urkunde desselben Königs vom 9. August 1513, zu Gunsten sämmtlicher Kürsch-

---

*) Siehe Grimm: Die politische Verwaltung Siebenbürgens. Band III., pag. 11.

**) Die Urkunde datirt: „Bude in Dominica Reminiscere Anno Domini Millesimo Quadringentesimo Nonagesimo secundo" befindet sich in einer Pergamentabschrift in der Kürschnerzunftlade zu Bistritz.

ner in den Städten, Märkten und Dörfern Siebenbürgens eingeschärft, indem Wladislaus den Behörden ausdrücklich aufträgt, solche Felle und Wildhäute, welche entweder Kaufleute aus dem Lande ausführen wollen, oder welche von Mauthbeamten im Rothenthurm des Handels wegen aufgekauft worden seien, zu konfisziren und zwei Drittheile davon den Kürschnern zur Verwendung für fromme Zwecke zu übergeben, ein Drittheil aber für sich zu behalten. Diese Urkunde wurde von Ludwig II. am 9. März 1519 in Ofen neuerdings bestätigt *).

Aehnliche Maßregeln der Begünstigung suchten natürlich auch andere Gewerbe von der höchsten Staatsgewalt zu erlangen. So verbot Wladislaus II. auf Bitten der siebenbürgisch-deutschen Schmiede bereits im Jahre 1507 die Einfuhr von Sicheln, Sensen und überhaupt von Eisenwaaren nach Siebenbürgen, bei Strafe der Confiscation; ausgenommen was Jemand für seinen Privatgebrauch einführe. Aber als der Bistritzer Rath gestützt auf diese Urkunde einem Klausenburger Bürger Andreas Lang, aus dem Auslande eingeführte Sicheln und Eisenwaare auf Bistritzer Gaugebiet wegnahm, da suchte der Klausenburger Rath Vergeltung zu üben; drohte mit Gefangennahme, mit Waareneinziehung und anderem mehr, so daß schließlich im Jahre 1521 die Bistritzer an König Ludwig II. sich wendeten und um Schutz baten. Dieser bestätigte die von seinem Vater den Schmieden ertheilte Gerechtsame zu Ofen am 15. März desselben Jahres **).

Aehnliche Zwistigkeiten wie hier zwischen Klausenburg und Bistritz die Durchführung des Prohibitivsystems mit sich brachte, entstanden aus derselben Ursache auch sonst. Umsonst hatten z. B. die Bistritzer Kaufleute und Handwerker bereits im Jahre 1488 das Recht erhalten, die nächstgelegenen Ortschaften und Städte, mit

---

*) Sowohl die ursprüngliche Urkunde Wladislaus', als auch die Bestätigung Ludwig's sind in einem Transsumpt enthalten, welches von den beiden Woywoden Franz Kendy und Stefan [Dobo de Ruzka: Cibiny feria 4-ta prox. post dominicam Cantate 1555 ausgestellt wurde und im Original in der Zunftlade der Bistritzer Kürschnerzunft aufbewahrt wird.

**) Einfache, offene Originalpapier-Urkunde datirt: „Bude feria sexta prox. ante dominicam Iudica 1521" im Bistritzer Magistrats-Archiv.

Ausnahme von Maros-Basarhely, an Jahr- und Wochenmärkten zu besuchen und ihre Waaren insbesondere in den Ortschaften Reen und Buza ungehindert im Kleinen verkaufen zu dürfen, die Einwohner jener Ortschaften wollten dieses Privileg der Bistritzer nicht anerkennen und auch die Bestätigung der den letzteren verliehenen Freiheit durch Wladislaus II. im Jahr 1492 dürfte jene schwerlich anderen Sinnes gemacht haben *). Die Schäßburger aber und die Mediascher trieben es noch weiter, indem sie sogar an den öffentlichen Jahrmärkten den Bistritzer Schmieden die Waaren fortnahmen und sie am Verkaufe hinderten. Der König, an den sich die Bistritzer um Abhülfe wenden mußten, während ja die Nations-Universität zur Schlichtung des Streites ebenfalls kompetent war, scheint in seinem Erlaß vom 11. Oktober 1502 an den Rath von Schäßburg und Mediasch nicht umsonst die Mahnung betont zu haben, daß an freien Jahrmärkten jeder Mensch, welcher Nation immer freies Verkaufsrecht ausüben dürfe **). Rechnet man nun zu diesen urkundlich beglaubigten Mißhelligkeiten, die zahlreichen Fälle, die schon durch die erste und zweite richterliche Instanz entschieden, der Nachwelt nicht aufbewahrt wurden; bedenkt man überdieß, welche große Gewalt die Zünfte dadurch besaßen, daß sie an öffentlichen Jahrmärkten die zugeführten Gewerbserzeugnisse durch ihre Schaumeister konnten prüfen und die schlechtbefundene Waare durch die weltliche Behörde konfisciten lassen, so ist leicht zu ermessen, welch' mannigfaltigen Quälereien bei nur etwas bösem Willen der Binnenverkehr mußte ausgesetzt sein.

Doch den höchsten Grad der Verkehrtheit in der Handelsgesetzgebung jener Zeit erreichen einige Bestimmungen über den Handel mit Schuster- und Ledererwaaren, welche in den Jahren 1538 und später vom Bistritzer Rathe erlassen wurden, und wiederholt die

---

*) Beide Original-Pergament-Urkunden, die erste datirt: „in area civitatis nostre viennensis feria Quarta prox. post dominicam Quasimodo Anno 1488," — die zweite: „Bude feria quinta prox. p. festum Beati Valentini martiris Anno 1492" — befinden sich im Bistritzer Magistrats-Archiv.

**) Doppelte offene Original-Papier-Urkunde, datirt: Bude feria tercia prox. post festum beati dionisy martiris Anno domini 1502" im Bistritzer Magistrats-Archiv.

Bestätigung der städtischen Vertretung erhielten. Es kämen, heißt es im Magistratsprotokolle jenes Jahres, seit einiger Zeit Handelsleute aus Ungarn nach Bistritz um Schuhwerk einzukaufen und wegzuführen. Einige Schuster, welche besondern Handelsverkehr mit diesen Handelsleuten hätten, bereiteten sich auf die Ankunft und den freundlichen Empfang derselben durch Ankauf von Heu, Hafer und Lebensmitteln vor, wodurch die Preise dieser Gegenstände zum Nachtheil der übrigen Bürger gesteigert würden. Demnach wurde solchen Aufkäufern von Schuhwerk die Reise nach Bistritz verboten; wolle ein Schuster die von ihm selbst verfertigte Waare nach Ungarn verkaufen, so solle er das thun können, jedoch nur in der Weise, daß er seine Waare bis über Klausenburg (14 Meilen von Bistritz) hinausführe und daselbst dem Käufer übergebe. Eine Uebergabe der Waare an den Käufer solle diesseits Klausenburg nicht geschehen, und eintretenden Falls gestraft werden.

Weiters wurde festgesetzt, daß, da die Zahl der Lederer in Bistritz hinlänglich zahlreich sei, so, daß sie die dasigen Schuster mit Fellen gehörig versehen könnten, solle den Schustern Einfuhr fremden Leders untersagt sein. Nur in dem Falle, wenn das Erzeugniß der Ledererzunft den Bedarf der Schuster nicht decke, sei eine Einfuhr auswärts erzeugten Leders gestattet, doch müsse sofort dem Stadtrichter die Anzeige davon gemacht werden, damit derselbe untersuchen lasse, ob das eingeführte Leder zur Schuhfabrikation passe oder nicht. Im letzteren Falle sei dasselbe sofort einzuziehen.

Dieser merkwürdigen Beschränkung der Schuster im Einkauf des Materiales und Verkauf der Erzeugnisse wurde gleichsam als Gegenverpflichtung eine nicht mindere Beschränkung der Lederer zum Gesetz erhoben. Nur diejenigen Felle nämlich durften aus Bistritz verführt werden, welche den Bedarf der Schusterzunft überschritten. Sei es aber, daß ein Lederer solche unveräußerte Waare auf den Wagen lade und bereits abzufahren im Begriffe stehe, und es käme ein Schuster dazu, mit dem Verlangen gegen den gewohnten entsprechenden Preis ihm die Ladung zu überlassen, so müsse der Lederer die Felle wieder abladen und für das dargebotene baare Geld abtreten [*]).

---

[*]) Die angeführten Beschlüsse sind enthalten in dem ältesten Protokolle des städtischen Rathes, dessen Original im Bistritzer Magistratsarchiv sich befindet.

Diese hier angeführten Maßregeln bilden wohl das Aeußerste, was unvernünftige Zunft- und Handelspolitik je ausgedacht hat. Bei dem eigenthümlichen demokratischen Princip, welches alle Zunftinstitutionen beseelt und darauf hinausgeht, alle Meister in ihrem Erwerbe möglichst zu unterstützen und untereinander möglichst gleich zu machen, ist es immerhin zu begreifen, wenn die Hülfsarbeiter gleichmäßig vertheilt, der Lohn derselben in gleicher Höhe festgesetzt, und der Einkauf des Rohmateriales so geordnet wurde, daß ein Meister den andern darin nicht hindern, ja bei größeren Mengen des Rohstoffes demselben sogar einen Theil abtreten mußte *): aber eine Beschränkung der Ausfuhr von Industrie-Erzeugnissen ist denn doch so auffallend gegen das Intresse der betreffenden Handwerker und gegen das volkswirthschaftliche Intresse der betreffenden Stadt, daß wir uns unmöglich zu dem Glauben zwingen können, es sei jener Beschluß des Bistritzer Rathes von 1538 mit Willen der Schuster- und Ledererzunft geschehen. Noch viel weniger will uns der Grund einleuchten, daß die Vertheuerung der Lebensmittel den Rath gezwungen habe, die ungarländischen Schuhhändler von ihren Handelsreisen nach Bistritz abzuhalten, denn um eine solche Vertheuerung hintanzuhalten, war es nicht nöthig, die Schuster zu zwingen, mehr als 14 deutsche Meilen weit zu reisen, damit dort erst ihre Waare übergeben werde. Auch dürfte schwerlich die Zahl jener Aufkäufer gar so groß gewesen sein, daß sie in ungewöhnlicher Weise auf die Preise solcher Gegenstände, wie Heu, Hafer und Eßwaaren eingewirkt haben sollten. Den eigentlichen Grund jener Maßregel aber aufzufinden, dürfte schwer sein, wenn man ihn nicht gerade in Gewerbsneid und verkehrter Einsicht suchen will. Das aber die berührten Zünfte und insbesondere die Schuster mit jenem Beschlusse nicht zufrieden waren, geht daraus hervor, daß im Jahr 1541 und widerholt 1549 der Magistrat sammt der städtischen Vertretung erklärten, bei dem, was sie einmal über die Ausfuhr von Schuhen beschlossen hätten, wollten sie auch fernerhin standhaft bleiben.

---

*) Dieses letztere schreiben z. B. die Zunftartikel der Schäßburger Kürschner von 1484, der Schäßburger Weißgärber von 1488 und der Hermannstädter Wagner circa 1490 vor. Siehe Seivert: „Die Stadt Hermannstadt u. s. w." pag. 26.

Die letzte und äußerste Consequenz der ganzen damaligen Entwickelung des Zunftwesens in den deutschen Städten unseres Landes mußte aber das Bestreben bilden, alle diejenigen Bestimmungen und Anordnungen über Gewerbswesen, welche eine freiere und selbstständigere Bewegung der gewerbetreibenden Einzelperson zu Gunsten der Korporation hemmten, im ganzen Lande zu gleichmäßiger Geltung zu bringen, um dadurch, wie in den einzelnen Städten das Individuum in der Zunft, so in dem Lande die Einzelzunft in der Landeszunft aufgehen und verschwinden zu machen. Und so ist es denn ganz natürlich, daß wir in dieser Periode der regeren Zunftgesetzgebung auch bereits das Institut der Landeszunft am Leben erblicken. Dieselbe war jedoch kein festes Glied des municipalen Organismus, auch war sie nicht durch die öffentliche Gesetzgebung begründet, sondern entstand und beruhte einfach nur auf der bindenden Kraft gemeinsamer Intressen. Abgeordnete der einzelnen Zünfte kamen gelegentlich in Hermannstadt oder auch an andern Orten, besonders bei Gelegenheit der Jahrmärkte, zusammen besprachen sich über ihre gemeinsamen Angelegenheiten, setzten Anordnungen fest, die entweder nur durch das moralische Gewicht der beschließenden Zunftvertreter zur Geltung gelangten, oder wenn es nicht anders ging, nach vorhergegangener Zustimmung der Behörde, durch den Arm derselben durchgeführt wurden. Die Kosten, welche durch gemeinsame Prozesse oder durch Deputationen u. s. w. entstanden, wurden von allen sich anschließenden Zünften getragen; Vergehen einzelner Zünfte gegen die allgemeinen Beschlüsse von der Landeszunft mit Geldstrafen oder Ausschließung belegt. Das leitende Haupt war stets die betreffende Zunft in Hermannstadt. Als erste Keime dieser auf freiem Uebereinkommen beruhenden Organisation können wir es ansehen, wenn die Kürschnerzunft in Hermannstadt in ihrem und aller übrigen Kürschnerzünfte Namen im Jahre 1466 von König Matthias das alleinige Vorrecht des Handels mit Wildhäuten erbittet, oder wenn die Hermannstädter Schusterzunft im Jahr 1500 ihre Zunftsatzungen allen Schusterzünften mittheilt und allgemeine Annahme derselben empfiehlt. Gesetzgeberische Akte einer Landeszunft finden wir aber zuerst im Jahre 1505. In demselben hielten nämlich die Abgeordneten der Kürschner aus dem Sachsenlande in Mediasch eine Versammlung, deren

Beschlüsse von einer zweiten im Jahre 1612 in Hermannstadt abgehaltenen bestätigt und gutgeheißen wurden. Dieselben lauten:

1. Wegen Mangel an Hülfsarbeitern soll es jedem Meister gestattet sein zwei Lehrjungen auf einmal zu halten, deren Lehrzeit 4 Jahre betragen muß. Zwar kann der Meister dem Lehrjungen hinterher etwas von diesen 4 Jahren nachlassen, aber vor völligem Ablauf dieser Zeit ist es ihm nicht gestattet einen anderen Knaben aufzunehmen, bei Strafe von einem Zentner Wachs.

2. Die hinterlassene Wittwe eines Mitmeisters darf nicht mehr wie bisher, das Handwerk wie lange sie will treiben, sondern nur ein halbes Jahr vom Tode ihres Mannes an, und zwar nur mit einem Gesellen und einem Lehrjungen.

3. Die Meister sollen nicht zu jeder Zeit im Lande herumziehen und das Wildwerk zu jedem Preise kaufen können, sondern das Reisen zum Zwecke des Einkaufs ist ihnen nur an den Jahrmärkten gestattet. Auch soll ein Fuchs nicht theurer als mit einem Ort Gelt, ein Marder als mit 28 Denaren bezahlt werden. Welcher Meister diese Satzungen übertritt, soll von seiner Zunft gestraft werden, und thut diese es nicht, so ist sie von der Landeszunft mit einer Strafe zu belegen.

4. Gemeinsame Unkosten der Zünfte sollen von denselben gemeinsam getragen werden *).

Ebenso hielten die Abgeordneten der Ledererzünfte am 27. April 1523 in Hermannstadt eine Versammlung und setzten Folgendes fest:

1. Welcher Geselle seines Meisters Haus Schande bringt, soll vom Handwerk entfernt werden.

2. Ein Geselle, der das Handwerk nicht recht versteht, bekommt nur halben Einstoß oder halben Lohn **).

---

*) Eine gleichzeitige Aufzeichnung dieser Beschlüsse auf Papier ohne Siegel befindet sich in der Lade der Kürschnerzunft in Bistritz. Da dieselben in deutscher Sprache abgefaßt sind, so geben wir dieselben wörtlich im Anhang Nr. 3.

**) Unter Einstoß versteht man das Recht des Gesellen eine gewisse Anzahl Häute zu eigenem Nutzen und Gewinn in der Werkstatt des Meisters ausarbeiten zu dürfen.

3. Wer als Lehrling aufgenommen zu werden wünscht, muß sein von „frommer Art" und Zeugniß über seine Abstammung bringen.

4. Wer durch Brief oder Botschaft einem Mitmeister das Gesinde abwendig macht, zahlt 2 fl. Strafe.

5. Diejenige Zunft, deren Meister sich nicht an diese Satzungen halten, muß die von diesen Meistern einfließende Geldstrafe in die Kasse der Landeszunft zahlen*).

Die Ueberwachung, daß solche Beschlüsse auch gehalten würden, war zunächst die Aufgabe der Hermannstädter Vorsteherschaft. Daß diese dabei nicht läßig war, zeigt folgendes Beispiel: Im Jahre 1541 meldete sich in Bistritz zur Aufnahme in die Kürschnerzunft ein Geselle, dessen Vater dem Handwerk nach ein Barbier, der Nation nach ein Ungar gewesen. Die Mehrheit der Bistritzer Kürschner scheint nicht gegen die Aufnahme gewesen zu sein, aber die Sache wurde in Hermannstadt ruchbar, worauf die dortige Zunft am 28. Februar ein Schreiben an die Schwesterzunft in Bistritz richtete, in welchem sie unter Hinweisung auf die Gepflogenheit in den übrigen deutschen Städten bat, man solle sich nicht „abczyhen von den eerlichen rechten der kyrschner czech vndt nicht eyn nayes offbringen." Dieselbe rieth dringend ab von der Aufnahme des Mannes in die Zunft, zum wenigsten sollten die Bistritzer warten bis zum nächsten Birthälmer Jahrmarkt; zu demselben werde Hermannstadt Abgeordnete sämmtlicher Kürschnerzünfte einladen und über diese Angelegenheit berathen lassen**).

Am Klarsten zeigt sich jedoch Ausdehnung und Wesen der Landeszunft in den Beschlüssen, welche die Versammlung der Kürschner am Georgstage 1558 in Hermannstadt faßte. Es erklärten nämlich die Abgeordneten der Thordaer Zunft, daß sie zwar alle Satzungen der Landeszunft halten wollten, aber 4 Artikel müßten für sie wenigstens umgestaltet werden.

Erstens solle man ihnen gestatten, rohes Kürschwerk den Edelleuten auszuarbeiten; zweitens Lehrjungen auf 3 Jahre und gegen

---

*) Gleichzeitige Abschrift der in deutscher Sprache abgefaßten Artikel, auf Papier ohne Siegel, in der Zunftlade der Bistritzer Kürschner.

**) Der Originalbrief datirt: „Ausz der Hermestadt am montag vor der fassnacht 1541" befindet sich in der Lade der Bistritzer Kürschnerzunft.

eine Lehrtaxe von nur 2 Gulden aufzunehmen; drittens einen größeren Wochenlohn, als den von der Zunft vorgeschriebenen, zu geben erlauben und viertens solle es ihnen freistehen eine geringere Meistertaxe zu erheben, als in den Städten gebräuchlich sei.

Hierauf gab die Versammlung folgenden Bescheid:

1. Rohes Kürschwerk dürfen sie für Niemanden, außer für des Königs Majestät und die Obrigkeit von Thorda ausarbeiten.

2. Die Ermäßigung der Lehrtaxe auf 2 Gulden wird zugestanden, nicht aber auch die Herabminderung der Lehrjahre von 4 auf 3.

3. Sie dürfen keinen größern Wochenlohn geben als die anderen Zünfte, nämlich auf sechs Wochen einen Gulden.

4. Die Bestimmung der Meistertaxe für Thorda überläßt man der dortigen Zunft.

Den zweiten Gegenstand der Verhandlung bildete die mehrseitige Klage, daß einige Meister, die das Handwerk aufgelassen hätten, mit dem Ein- und Verkauf von rohen Wildhäuten sich beschäftigten und darin ihren Erwerb suchten. Hierüber wurde erkannt, daß solchen Meistern dieser Handel durchaus nicht zu gestatten, sondern strenge zu bestrafen sei.

Endlich kam auch zur Sprache, daß die Klausenburger Zunft gegen die bestehenden allgemeinen Zunftsatzungen ihren Meistern gestattet habe, zwei Lehrjungen zu gleicher Zeit zu halten*). In Folge dessen einigte man sich zu dem einmüthigen Beschluße, die Gesellen, die in Klausenburg das Handwerk erlernt hätten, nirgends in Arbeit zu nehmen, so lange bis die genannte Zunft ihre eigenmächtige Satzung aufhebe **).

Aus diesen wenigen hier angeführten Daten sieht man zur Genüge, daß die Landeszunft in der Mitte des sechszehnten Jahrhunderts bereits das ganze Gebiet der Zunft- und Gewerbegesetzgebung an sich gerissen hatte und ein solches Bewußtsein ihrer Macht

---

*) Artikel 3 der Kürschnerzunftgesetze vom Jahre 1589 hatte den vorigen Beschluß der Landeszunft von 1505 und 1512 zurückgenommen und nur einen Lehrjungen gestattet.

**) Eine gleichzeitige Aufzeichnung dieser Beschlüsse auf Papier ohne Siegel befindet sich in der Lade der Bistritzer Kürschnerzunft. Siehe Anhang Nr: 4.

in sich trug, daß sie unfolgsame Glieder durch eine Art Bann zu züchtigen sich anmaßte. Aber es ist nicht zu läugnen, wie sehr auch die innerlich konsequente Entwickelung des damaligen Zunftwesens in seiner festen Zähigkeit uns Achtung einflößt vor der Triebfähigkeit solcher Organismen, läßt sich doch die Ueberzeugung nicht zurückweisen, daß der Zunftzwang auf dieser Höhe angelangt, durch seine längere Dauer Handel und Gewerbe in ihrer weitern Entwickelung hemmen und schließlich zu völligem Stillstande verdammen mußte. Daß dem wirklich so gewesen ist und daß die allgewaltige Herrschaft des in starren Formen festgebannten Zunftwesens die Industrie im Sachsenlande durch drei Jahrhunderte auf demselben Punkte der Entwickelung zurück hielt, dadurch aber den Handel mit industriellen Erzeugnissen besonders in die benachbarten Länder fast völlig vernichtete, läßt sich leicht nachweisen, muß aber einer ausführlichen, selbständigen Arbeit und einer kundigeren Feder überlassen bleiben.

Mit dem Jahre 1639 beginnt eine neue Periode des Zunft- und Gewerbewesens insoferne, als die bisher in den einzelnen Gauen und Ortschaften gehandhabte Gesetzgebung über diese Gegenstände aus den Händen der zünftigen Korporationen und städtischen Obrigkeiten in die Hand der Nationsuniversität übergeht, mithin die Einheit in gewerblichen Dingen welche bisher das gemeinsame Interesse und der Ausdruck desselben, die Landeszunft zu erzielen gesucht hatte, durch die Munizipalgesetzgebung gestützt und gleichsam sanktionirt wurde. Allerdings scheinen die gesetzgeberischen Akte der Nationsuniversität in Zunftsachen, obgleich sie unter Mitwirkung auch der Abgeordneten des Rösnergaues zu Stande kamen, nicht unbedingte Geltung für Bistritz und seine Dependenz gehabt zu haben, denn die vom Bistritzer Rath 1547 bestätigten Artikel der dasigen Schlosserzunft unterscheiden sich sehr wesentlich von dem im Jahr 1540 für die Schlosser im übrigen Sachsenlande erlassenen Statut der Nationsuniversität;*) doch schien es gleichwohl angezeigt, mit diesem Zeitpunkte abzuschließen, weil die Vergleichung des Unterschiedes zwischen der gewerblichen und Zunftgesetzgebung des Rösnergaues und

---

*) Diese Urkunde ist veröffentlicht in: Fr. Müller, Deutsche Sprachdenkmäler aus Siebenbürgen. Hermannstadt 1864. Seite 218.

übrigen Sachsenlandes nach dem Jahre 1539 uns bis zum Jahre 1562 geführt hätte, wo in den Artikeln der Barbiere zuerst uns ein auch für Bistritz gültiges Zunftstatut der Nationsuniversität, also gemeinsame Gesetzgebung der vereinigten Gaue auch in dieser Hinsicht geboten wird*). Diese Arbeit aber werden wir bei gelegener Zeit und mehr Muße in die Hand nehmen.

---

*) In der Zunftlade der Bistritzer Barbiere befindet sich ein Exemplar des Statutes von 1562 auf Pergament. Daselbst wird auch ein Exemplar der Zunftgesetze der Chyrurgen und Barbiere in Altstettin aufbewahrt, welches über Ansuchen der dortige Rath im Jahre 1560 ausstellte, und das offenbar der gesetzgeberischen Arbeit der Nationsuniversität zur Grundlage gedient hat.

Nachträgliche Bemerkung.

Erst während des Druckes dieser Arbeit kam uns das sehr intressante Werk Friedrich Müllers: „Deutsche Sprachdenkmäler aus Siebenbürgen. Hermannstadt 1864" in die Hand, so daß wir die höchst wichtigen in demselben enthaltenen Gesetze einiger Zünfte nicht mehr benützen konnten. Wir können es jedoch nicht unterlassen, alle Freunde siebenbürgischer Wissenschaft, insbesondere auch Diejenigen, welche ihre Studien über das ältere Zunftwesen ausdehnen, auf dieses Werk hier aufmerksam zu machen.

Urkundliche Beilagen.

Nr. 1.

Original-Transsumpt des Colosmonostrer Conventes über eine Urkunde Ludwigs I. vom Jahre 1361 die Streitigkeiten der Fleischer und Schneider in Bistriz betreffend.

Nos conuentus ecclesie beate marie virginis declusmonostra presentibus damus promemoria quod adnostram accedendo presenciam vir discretus georgius filius gebelini Ciuis debiztricia exhibuit nobis quasdam literas patentes domini nostri lodouici illustris regis hungarie petens nos humili precum cum instancia ut easdem literas deverbo aduerbum transcribi faceremus et sigillo nostro vberiorem aut (sic) cautelam sigillo nostro (sic) roborare dignaremur quarum literarum tenor talis est. Lodouicus dei gracia rex hungarie fideli suo Comiti siculorum nunc constituto et infuturum constituendo salutem et graciam. Dicit nobis fidelis noster Georgius filius Gebelini Ciuis et pannicida deciuitate Beztricia insua et vniuersorum pannicidarum deeadem consociorum suorum personis quod carnifices inprefata Ciuitate consistentes, quorum tunc eciam nuncy coram nobis exstiterunt personaliter, pannos ineorum preiudicium et dampnum non modicum inciderent vendicionem (sic) exponendos propter quod inter ipsos pannicidas et carnifices odiose dissensiones fierent et continue suborirentur, Quare mandamus fidelitati vestre firmiter et districte Quatenus, prefatos carnifices, abincisione huiusmodi pannorum deinceps prohibeatis et interdicatis auctoritate nostra mediante In casu autem, vbi memorati carnifices pannos vtique inciderent et incidere conarentur, tunc faciatis quod antedicti pannicide carnes vendere adinstar ipsorum carnificum possint pacifice et quiete, Secus inpremissis sub obtentu nostre gracie facere non ausuri, Datum waradini in dominica letare Anno domini M° CCC° lxmo primo. Nos igitur iustis et legittimis peticionibus eiusdem Georgy Ciuis de Beztricia inclinati predictas literas deverbo aduerbum transcribi fecimus et sigillo nostro autentico duximus consignandas. Datum quarta feria ante dominicam quo (sic) cantatur Judica Anno supradicto.

Einfacher, offener Original-Pergamentbrief 6 Zoll hoch, 12 Zoll breit. Das Siegel, von dem keine Spur mehr, wahrscheinlich auf der Rückseite aufgedrückt. Im Bistritzer Magistrats-Archiv.

Nr. 2.

Constitutiones czeche pellificum. Circa 1500.

Czwm Ersten.

Item Wer eyn master wel werdyn In der Kwniglichyn stat Nözyn Off dem Hanthwerck desz Kwrschnerwercks der zol sneydyn drey stück Dasz Erste eyn frawn pelcz dem eyn fraw czirlich wol mag tragyn: Dasz Andere eyn fyrstwcker ar frawn: aber ar Juncfraw: Dasz dritte eyn leyppelcz derdo czirlich sey eyn man czw tragyn vm dy brusth von eynem fel dasz sol her machyn mith seynem eygen henden: wnd ab ym ymanth helffyn wrd der vorbwsth eyn güldyn yn dy czech.

Item dornoch zol her habyn seyne brieff dasz her gelebiet hath yn ar erlichen czech wnd dor wber geczewgnisz: von dem czech mestern: wnd eyn zigel dorauff vom rath aber dasz wenigste ausz der czeech.

Item der mester wel werdyn: der zol brieff habyn von zeyner gepwrd: wnd von zeynen elderyn: wnd dy mith dem namen eyn gesaczt: den vater: wnd awch dy mutter: In dem brieff: wnd darwber: eyn pewerth szigel von der stath: wnd dasz gelth noch der czech gewonhayt: alsz eyn anderer nider hoth gelegth: gleicherwaysz: zal eyn yder nider legyn.

Item der nicht gesnityn hath: wnd eyn wayp nympth: wnd sich yn dy czech richt: von dem zol man nemen eyn centen wax.

Item Dy leychen sol her tragyn: basz off den achten: wnd czw vor ausz dy vir Jüncksten: von welchem dasz vorsewmpt wrd der verbwsth eyn tphwnth wax.

Item dy Kerczen off wnserem Altare der lieben frawen, Dy zolmen auff czwndyn am zonnobenth wnd an am ithlichen Feyertag czw der: vesper Mer czwder frwmesz: wnd hoemesz wnd wider czwder wesper Mer wen men dem mith der grossyn glock lewth alsz an heryn feyertagyn szo solmen dy kerczyn awff czwndyn In allyn amptyn In der wesper: Mettyn: ffrwmesz wnd hoomesz: wnd wider In der vesper: wnd: do pey zol Im der Jünckste mayster eyn peystand thuen czw allyn czeyttyn: pey der pwsz eyn tphunt wax.

Item welcher Mester dy leych vorsewmpth vor dasz dritte hawsz: der zol gebyn eyn tphwnth wax: wnd zol der leich noch volgyn czw der Kyrchen: wnd zol czw opper geen: wnd zol wider ffolgyn basz vor dasz hawsz.

Item welcher mester In dy czech kwmpt der zal mit kayner gezelschafft arbeten: der nicht yn der czech isth wnd auch mith keym kwrschknecht nicht: wnd wer alzo beffwndyn wrd: der vorbusth eyn centen wax.

Item Ob eyn mester dem anderyn wbel czw reth: ader In ligyn hiesz dasz her dasz beweryn mwcht: der zol gebyn eyn ydem mayster eyn qwentyn zilber.

Item Ob eyn mayster heth wasz czw vorkawffyn: wnd gib dasz eynem wolochyn: aber swsth eynem frwndyn*): auff dem marck czw tragyn czw vorkawffyn: der vorbwsth zo vil: alsz dasz zelbige werth isth.

Item welcher mayster czewgt off am Jarmarck wnd kaüfft Kwrschwerk wnd wol dasz wnter der löbyn **) ffeel***) habyn: alsz offt her befwndyn wrd zo vorbusth her eyn gwldyn.

Item Eesz zol auch keyn mayster In Czwen stetyn ffeel habyn wnter der löbyn: alsz offt her beffwndyn wrd zo vorbwsth her ayn guldyn.

Item welcher mayster wol new gesecz machyn: mith dem gesind: Esz sey mith gob: aber mit ander schenkwng aber mith dem lon: der vorbwsth eyn centen wax.

Item welcher mayster apphendig macht am anderyn zeyn gesind: der vorbwsth eyn halbyn centen wax.

Item welcher Mayster Eyn Jwngen lerneth der geb yn dy Czech 2 fl. wnd czwe tphnwnth wax: wnd wen her Jwngen ffirczentag hoth gehat zo zoll her czech gerechtikayt nider legyn: wnd wen her den Jwngen dinget: zo zoll her wissyn wer her sey: ob her von frwmmen Lewtyn isth Ober nicht: wnd zol habyn pey dem geding off dasz wenigste Czwen mayster: welcher mayster dasz nicht thweth: der vorbwsth eyn guldyn.

Item welcher Mayster der do hild eyn Jwngen wber ffirczen tag: der vorbwsth eyn guldyn: isth dasz hersz nicht an sagth.

---

*) So deutlich zu lesen, wohl für: fremdyn.
**) Verkaufslaube.
***) Hier steht eine Randbemerkung, wahrscheinlich als Verbesserung der Zeile von ffeel bis wrd, die folgendermaßen lautet: wrd habyn aber yn am hawss als offt als her das thwth. Die Schriftzüge sind übrigens jüngere.

Item Szo sol auch keyn mayster keyn kwrschknecht nicht haldyn: der am anderyn mayster gearbeth hoth: her sol dem mayster: den vor begrüssyn welcher der esz nicht thwth der vorbust eyn tphwnth wax.

Item ab Indert eyn kwrschknecht wrd gelth auff habyn auff arbeth: wnd vorspricht eynem Mayster Off a czeyth wnd wol off steen: den zelbyn kwrschknecht zol keyner nocht seczyn: esz sey den mit desz mestersz willyn dem her vorsprochyn hoth.

Item ab Imancz alde pelcz wold new walkyu: der vorbwsth eyn güldyn.

Item welcher mayster: macht am anderyn In der löbyn zeyne koff Lewth apphendig: der vorbwsth eyn güldyn.

Item am dem hochlöblichen tag Gocz leychnamsz Tag: do zol sich eyn Jder mayster schicken: mith seyner frawen wnd zeynem gesind: dasz her zey pey der meesz wnd gee czw oppffer: mith czampth seynem gesind; pey der pwsz *) eyn $\frac{1}{2}$ fl. *)

Itemab ymant wold auff eynen Jarmarck Czyhyn wer Gotszleychnamcztag das her bey dem opffer nicht kwnd geseyn. So zal her auff das wenigest Czweyn Czech mesteryn dy vrsach sagyn.

Item ven eyn czech messter ist bey dem vatter so zal man dasz . . . . . . ver do nit komp der for bost 1 pvnt vax. *)

Eynn threchtykeyth wonn meynen herren denn mesterren yst gemacht wonn denn herren mesterren velch knecht. der do schneyden wyllh der szol szeynen herren eyn Jar arbethen wor hynn vnd soll nychth schneyden er hab den gebwrth pryff bey dem schnyth awch leer pryff.

Item keynn meyster szal mer haltenn wann eynn lerjwngenn. *)

meyn heren dy meyster haben mith Eyner eynthracht gebracht das keyn jwnger meyster yn dreyen Jaren kein ler jwngen awff sall nemen.

---

*) Von hier weiter andere Schrift.

1534.

Item meyne herren dy meyster haben gemacht myth eyner eyntracht das man keynen lerjvngen sall dyngen or leg dan fl. 6 nyder bey dem gedynk.

Protokoll bestehend aus 4 Blättern in der Lade der bürgerlichen Kürschner in Bristritz. Das Papier zeigt als Wasserzeichen eine Waage in einem Kreise.

Nr. 3.
Beschlüße der Landeszunft der Kürschner.
1505 und 1512.

In dem Jar Tausentfumfhundert vnd fumff do man geschriben hat noch der gepurd xti etc. Haben dy erlichen herren vnnd mester gehapt ein besamlung czu mudwisch, vnd haben do eyntrechtiglich beslossenn etliche artikel czu beheltnus vnd behaltung, Dem Erlichen hantwerk der Kurschner welche beschlissung in der anderer besamlung als in der hermanstat eyntrechtiglich vnnd krefftiglich ist bestetigt worden, ausgenomen eyns welches ist etwes vorwandelt worden, als dan vormals ist beslossen gewesen, Das ein Mester nit mer sol halten als eynn leerJungen. so haben dy waissen herren vnnd Mester in der ander besamlung di do ist geschechen in der Hermanstat als in dem Jar 1512 ist betracht vnd bedacht worden, wy das wenig gesinde were in dem landt, vnnd haben frey geben, vnnd noch gelossen das eyn yeclicher Erlicher Mester dem si czuquemen mocht halten czwen leerJungen, doch nicht auff weniger czeyt auff czu nemen als auff |||| (4) iar, Sunder dor pey haben sy fray geben, als ein Mester eynn leerJungen mug aus zulossen*) geben aus den leer Jaren wen er wolt, Sunder er soll keynhen nicht auff thuren**) nemen es seyen dy 4 iar vor-

---

*) Deutlich so, mir unverständlich.
**) Ist das alte turren wagen.

schynenn als der Jung dan ist vordinckt worden, vnd welcher Mester das wber tredt der sol vorfallen seyn ein Centenn wax. —

Item Jn der samlung di do ist geschechen in der Hermanstadt von den Erlichen herren vnnd Mesterenn des erlichen hantwercks der Kurschner von allen tayllen des ganczen landes ist gefragt wordenn eyn tayl von dem anderen welche ordenung eyn yeclich taill pey im het yn seynner czech. do ist vorstanden worden wy das etlichen czwuschen ynn solche ordenung heten dy do nycht czuloben wer, als das, wen das ein erlicher her ader Mester abgyeng mit todt das dy frau noch yres herren todt frey wer czukauffenn vnnd czuuerkauffen vnd czu handelen in dem erlichen hantwerck wy sy wolt vnd wy lang si wolth, ynnd dornach haben dy erlichen herren vnnd Mester verstanden, wy das etlich gut herren weren czwuschen*) etlichen] taylen dy das wiltwerck also tewer nemen das sy de Mesteren im ganczen landt ein schaden vnnd ein tewern kauff machen, vnnd auff allen strassenn vmbczyechen in dem landt vnnd das selbig auffkauffenn vnd bestelen*) wo sy kunden ader mügen welichs dy erlichen herrn vnnd Mester nicht haben wolten das es sol geschechen hynn für mer, von indert eynem tayl, Sunder si mer verstanden haben wie das etlich gut herren ordenung czwuschen yn hetten dy do löblich vnnd nuczpar werin vnd also, wen das ein gutter her durch todt abgyeng, vnnd der frauen czu arbetten plib, so wer dy frau frey czu arbaitten mit eynem gesellen vnnd mit eynem Jungen ein halb Jar vnnd nicht lenger, vnnd dornoch haben dy selbigen gut herren mer ein soliche ordenung das ein mester czwuschen ynn einen fuchs nicht tewer thar genemen als vmb ein ort gelt, vnnd eynen Mader nit tewerer als vmb d. 28, vnd haben das gepot czwischen ynn das keynner nit thar ausgeczichen auff dy strassenn wilwerck auff czusammeln, wen allein auff dy Jarmarck vnd dy selb ordnung den waissen herren vnnd Mesteren allenthalben wol gefal-

---

*) Nämlich bestellen.

len hat, vnnd das also wollen haben das es also gehalden
sol werden von allen taylen ader czechen vnsers hantwercks
im ganczen landt, vnnd ob an ynndert eym tail das wbertretten wurt von eynnem Mester vnnd das selbig tayl den
selbigen wbertreter nicht dorum straffen würden, So sol
das selbig tayll von den anderen tayllen also gestrafft werden, das sich andere dorann mügen stossen, vnnd mer so
ist eyntrechtiglichen beschlossen worden von allen taylen,
ob das yndert eyn taill antreffen wurd yndert eynn beschwernis des hantwergks, das dar durch gelt ader czerung
verryert wurd werden, So sol das selbig gan auff glaiche
beczalung der erlicher Mester des ganczen landts.

Gleichzeitige Aufzeichnung obiger Beschlüsse, ohne Siegel, in
der Lade der Bistritzer Kürschner Zunft.

Nr. 4.

Beschlüsse der Landeszunft der Kürschner von 1558.

Im 1558 Jar auff Georgy ist ein versamlung gehalten
worden in der Hermestat, von den weysen herren der
Khürschner Czech aus allen steten Im ganczen Lannd vnd
ist beschlossen worden wy hernach volgtt.

Item Zum Ersten sein Erschinen dy Ersam Maister
aus dem Marckh Thorrenburg, vnd haben ir Beschwernus
angezeigt, von welches wegen man in das gesind abgeschlagen hat, wy das solche vrsach vnd schuld nicht ir sey, vnd
haben sich erbotten alle artikhell des czechbrieffs zu halten,
allein 4 artikhell haben sy begertt zue ringeren, Nemlich
zum Ersten wy das sy geczwungen werden den Idell Leuten Rho Khürschenwerckh aus zu arbeitten, Solches ist in
abgeschlagen worden, allein Khünügcklicher mayestet, vnd
Irer öberkeit, Richter, vnd Rath, im Marckh, Ist in nachgelassen worden das sy in Mügen ausarbeitten.

Czum andern Theill haben sy begertt dy leher Jungen
auff dray Jar auff zunemen, vnd von wegen Ires ormuts

nicht mehr dan fl. 2 in dy czech zugeben, also ist in nachgeben worden, das Ein Lehr Jung soll geben Inn dy czech fl. 2, aaber her soll 4 Jar dienen. —

Czum dritten haben sy begerth grösser wocherlohn zugeben, den der Zechbrieff inhelt, das ist in abgeschlagen worden, Sunder sy söllen bey dem bleiben 6 wochen fl. 1 Nach Inhalt des Zechprieffs.

Czum fiertten haben sy Begertt, vnd gebetten, dieweyll es In ein offener Marckh sey, vnd sunst auch vill überlast, vnd beschwernus leyden Müssen, das sy nicht khünnen so vill geldt in dy czech geben, als der Czechbrieff in helt, vnd man bey den Steden geben mus, das ist in auch nach gelassen worden, bey irer vorigen gewonheit zu bleiben.

Dise 3 Artickell sein in also nachgeben worden, aber dy andern haben sy angenomen, vnd versprochen zuhalten, vnd darnach zw . . . . (fehlt eine Zeile.)

Darnach so ist beschlossen worden, von wegen der Clausenburger Meyster, dy wayll dem czechprieff nit nach sein khumen, vnd den selben überttretten haben, vnd aus irem Eygen gutt dünckhen, an wissen vnd willen der weysen Herren vom ganczen Land nachgelassen haben, Ein Jedem Czwen Lher Jungen auff zunemen das dan wider den czechprieff ist, den mir von den Namhafften, fürsichtigen vnd weysen herren, vom canczen Landt emphangen haben, Also ist Eintrechticklich Erkhand, vnd beschlossen worden, Mit wissen vnd willen der obgenantten weysen herren vom ganczen Lannd, das man inn das gesind soll auff *) treiben vnd glatt abschlagen, Also lang bis sy der obgenannten weysen herren, vnd der Ehrlichen Czech aus allen Stetten, willen Erlanngen.

Czum letsten Ist anbracht worden, wy das In Etlichen Stetten, Ettlich Meyster welche das Handwerck auffgelassen

---

*) vielleicht: aus.

haben, das Rho wildwerckh auff khauffen, vnd dasselbig wider also Rho verkhauffen, vnd ein khauffmanschacz daraus machen, Solches haben dy Ersam weys herren der Khürschner Zech aus allen Stetten erkhandt das es vnbillich sey vnd soll in kheiner Statt nachgeben werden, Sunder welcher Ein Khürschner Ist, vnd sein wyll, vnd dasselbig khauffen wyll, der soll es auch aus arbeitten, vnd darnach darmit thun was her wyll, Dis ist also vnd beschlossen worden von den Kkürschneren von dem ganczen Lannd, wer aber solches übertretten wird, der soll gestrafft werden, nach Erkantnus der weysen herren In der Erlichen Czeh.

Geschehen wy oben stheth.

Gleichzeitige Abschrift auf einem Papierbogen in der Zunftlade der Bistritzer Kürschner.

B.
Schulnachrichten.

Veränderungen im Personalstande des Lehrkörpers und Schulchronik.

Auch im Laufe dieses Jahres hatte die Anstalt den Verlust einer Lehrkraft zu bedauern. Im Januar l. J. nämlich wurde Herr Wilhelm Budacker nach mehr als fünfjähriger Lehrerthätigkeit von dem evangelischen Presbyterium und der äußern Kirchengemeinde-Vertretung in Bistritz zum jüngsten Prediger erwählt und schied mit Anfang Februar zu allgemeinem Bedauern aus seinem bisherigen Wirkungskreise. An seine Stelle berief das löbliche Presbyterium als Supplenten den Kandidaten der Theologie und des Lehramtes Herrn Friedrich Lang, welcher im Jahre 1860 das Bistritzer Gymnasium absolvirt und darauf durch drei Jahre an den Universitäten von Wien und Jena Theologie und Philologie studirt hat.

Dagegen ist unsere Anstalt in der angenehmen Lage, in der Geschichte dieses Schuljahres drei für sie höchst erfreuliche Ereignisse verzeichnen zu können. Das erste ist, daß diejenige Zehntquart, welche die Schulanstalt in Folge Schenkung des Fürsten Sigmund Báthori seit dem Jahre 1598 aus der Distriktsgemeinde Petersdorf bezog, von der siebenbürgischen Grundentlastungs-Kommission mit einem Gesammtbetrage von 7100 fl. Conv. Mze. abgelöst wurde. Dieser sehr erfreuliche Zuwachs zu dem Vermögen der Anstalt bringt die Aussicht auf die so nothwendige Erhöhung der Lehrergehalte näher und wird dadurch mittelbar zur gedeihlichern Entwickelung unseres Schulwesens nicht unwesentlich beitragen. Da indeß jene Zehentquart nicht bloß zur Dotirung der Lehrer, sondern zu einem Theile auch auf die Schüler der Anstalt war verwendet worden, so bestimmte das Löbliche Presbyterium in der Aprilsitzung d. J. daß von den Renten der Ablösungssumme jährliche 60 fl. Ö. W. ausgeschieden und mit denselben bis höchstens sechs brave und fleißige Schüler betheiligt werden sollten.

Das zweite ebenso wichtige als erfreuliche Ereigniß ist der Beschluß der löblichen städtischen Communität, die drei Mädchenklassen, welche jetzt ebenfalls im Gymnasialgebäude untergebracht sind, sowohl aus Gründen einer vernünftigen Pädagogik als auch mit Rücksicht auf die beschränkten Räumlichkeiten von dort zu entfernen, und in ein eigenes neu zu erbauendes Gebäude zu versetzen. Bereits sind die Anstalten getroffen, um diesen Beschluß mit thunlichster Beschleunigung durchzuführen und es ist begründete Hoffnung vorhanden, daß der Bau des Mädchenschulgebäudes spätestens mit dem Frühling 1865 beginnen werde. Wir können nur wünschen, daß diese Hoffnung in Erfüllung gehen möge, da das Gymnasium und die mit ihm vereinigten Anstalten bereits seit längerer Zeit den Mangel hinlänglicher Räumlichkeiten für die Unterbringung sowohl der zahlreichen Elementarklassen als auch der stets wachsenden Lehrmittelsammlungen in empfindlicher Weise fühlen.

Doch das Erfreulichste für unsere Anstalt ist die Vermehrung ihrer Lehrmittel durch eine Anzahl der vorzüglichsten und kostspieligsten physikalischen Instrumente, welche dieselbe der Gnade und Munifizenz unseres Allergnädigsten Kaisers verdankt. Unter der Zahl 319, 1864 eröffnete das Hochlöbliche Landeskonsistorium dem Bezirkskonsistorium in Bistritz, daß zufolge hohen Hofdekretes Zahl 1341, Se. k. k. apost. Majestät geruht habe, die durch das evangelische Presbyterium in Bistritz erbetene Anschaffung der für das evangelische Obergymnasium in Bistritz noch erforderlichen physikalischen Apparate aus Staatsmitteln mit Allerhöchster Entschließung vom 17. März d. J. Allergnädigst zu genehmigen. Dieser Akt kaiserlicher Freigebigkeit, welcher dem Gymnasium diese so wichtigen, die Geldkräfte der Anstalt weit übersteigenden Apparate zu Theil werden läßt, wird mit gleich dankbarer Erinnerung in den Annalen unserer Schulanstalt, wie in den Herzen der gesammten Einwohner von Bistritz in aller Zukunft aufbewahrt werden.

Vertheilung der Lehrgegenstände unter die einzelnen Lehrer.

A. Am Gymnasium und der mit dem Seminar vereinigten Realschule.

	Lehrer	Lehrgegenstände	Gesammtzahl der Stunden
1	Heinrich Wittstock, Direktor.	Latein VIII., 6 Stunden. Geschichte VII. 3 Stunden.	9
2	Georg Galter,	Ungarisch in allen Klassen.	19
3	Daniel Csallner,	Physik VII., VIII. je 3 Stund. Mathematik VII. 3 Std. VIII. 2 Stunden. Chemie III. Realkl. 6 Std. Religion VIII. 2 Std. Redeübungen, in VI., VII., VIII. gemeinschaftlich 1 Stunde.	20
4	Dr. Immanuel Schneider,	Latein VI. 6 St. Griechisch VIII. 5 St. Deutsch VI. 3 St. Französisch IV., VI. und VII. 4 St.	18
5	Carl Lorsch,	Latein VII. 6 St. Griechisch VII. 4 St. VI. 5 St. Französisch V. 2 St.	17
6	Gustav Decani,	Mathematik II., III., IV., VI. Gymnasial- und III. Realklasse je 3 St. V. Gymnasialklasse 4 St.	19
7	Gustav Gunesch, zugleich Bibliothekar.	Religion IV. Seminarklasse 2 St. VI. Gymnasialklasse 2 St. Deutsch I. Realklasse 5 St. III. Realklasse 4 St. Geschichte III. Realklasse 3 St.	16
8	Georg Bertleff, zugleich Bibliothekar.	Deutsch VII. Gymnasialkl. 3 St. II. Realklasse 5 St. Geschichte II. Realklasse 3 St. IV. Seminarklasse 3 St. Religion II. Realklasse 2 St. Feld- und Gartenbau IV. Seminarkl. 2 St.	18
9	Carl Poschner,	Gymnasialkl. III. Latein 6 St. Griechisch 5 St. Deutsch 3 St. Religion 2 St. V. Gymnasialklasse Religion 2 St.	18

	Lehrer	Lehrgegenstände	Gesammt-zahl der Stunden
10	Friedrich Storch,	Gymnasialklasse IV., VI., VIII. Geschichte je 3 St. Hebräisch VIII. 8 St. IV. Seminarklasse Deutsch 3 St. Psychologie, Pädagogik und praktische Lehrübungen 5 St.	20
11	Carl Csallner,	Gymnasialkl. V. Latein 6 St. Griechisch 5 St. Deutsch 3 St. IV. Griechisch 4 St.	18
12	Michael Gondosch,	Gymnasialkl. IV. Latein 6 St. Geschichte II. und III. je 3 St. Religion und Schreiben II. je 2 St. Rechnen I. Realklasse 3 St.	19
13	Wilhelm Wohl,	Gymnasialklasse IV. und VIII. Deutsch je 3 St. IV. und VII. Religion je 2 St. VII. und VIII. Propädeutik je 2 St. Geschichte V. 3 St. Geographie I. Realklasse 3 St.	20
14	Friedrich Sutoris,	Gymnasialklasse II. Latein 8 St. Deutsch 4 St. Rechnen I. 3 St. Physik IV. 3 St. Im Sommersemester III. 3 St. Wintersemester Sommersemester	18 21
15	G. O. Kisch,	Im Wintersemester: Naturgeschichte in Gymnasialklasse I., II., III., V., VII. Realklasse I. und II. je 2 St. Physik I. und II. Realklasse je 2 St. Rechnen II. Realklasse 3 St.	21
		Im Sommersemester: Naturgeschichte in Gymnasialklasse I., II., V., VI. Realklasse I. je 2 St. Physik Realklasse I. 2 St. II. 4 St. Rechnen II. Realklasse 3 St. Seminarklasse IV. Rechnen und Naturgeschichte 2 St.	21
16	Friedrich Lang,	Gymnasialklasse I. Latein 8 St. Deutsch 4 St. Religion 2 St. Geographie 3 St. I. Realklasse Religion 2 St.	19

	Lehrer	Lehrgegenstände	Gesammtzahl der Stunden
17	Carl Koller,	Realklasse III. Baukunst 2 St. Realklasse I. und II. Geometrie je 2 St. Schreiben in Realklasse I., II. und Gymnasialklasse I. gemeinschaftlich 2 Stunden. Zeichnen im Gymnasium 4 St. und Realschule 8 St.	20
18	Josef Pöffel,	Musikunterricht im ganzen Seminarium und Generalbaßlehre in IV. Seminarkl.	11
19	Johann Gottschling, Stadtkantor.	Gesang in I. und II. des Gymnasiums und der Realschule.	4
20	S. Fr. Gunesch, Mädchenlehrer.	Turnen für die Gesammtanstalt.	6

B. An der dreiklassigen Elementarschule.

	Lehrer	Lehrgegenstände	Gesammtzahl der Stunden
21	Georg Keintzel,	Die Lehrgegenstände der 3. Klasse in einer Abtheilung.	24
22	Alb. Raupenstrauch,	Die Lehrgegenstände der 2. Klasse in 2 Abtheilungen.	32
23	Carl Schell,	Die Lehrgegenstände der 1. Klasse in 2 Abtheilungen.	32

4*

Lehrverfassung des Gymnasiums.

I. Klasse. Klassenlehrer: Friedrich Lang.

Religion 2 St. Sittenlehre nach Michaeli's Confirmandenbüchlein. Bibellesen.
Der Klassenlehrer.

Latein 8 St. Formenlehre der regelmäßigen Flexionen nach Kühner's Elementargrammatik 1. und 3. Kurs. Im II. Semester alle 14 Tage häusliche Uebersetzungsaufgaben, alle 8 Tage eine Composition.
Der Klassenlehrer.

Deutsch 4 St. Einfacher und zusammengesetzter Satz. Lesen, Sprechen, Vortragen poetischer und prosaischer Stücke nach Magers Lesebuch 1. Band.
Alle 14 Tage ein schriftlicher Aufsatz.
Der Klassenlehrer.

Geographie 3 St. Allgemeine Vorkenntnisse. Die Oberfläche der Erdtheile im Besondern. Lehrbuch: Bellinger.
Der Klassenlehrer.

Mathematik 3 St. Vier Spezies mit benannten Zahlen und gemeinen Brüchen wiederholt. Dezimalbrüche. Anschauungslehre: Punkt, Linie, Fläche, Winkel. Construktion von Dreiecken. Moznik: Arithmetik und Anschauungslehre.
C. F. Sutoris.

Naturgeschichte 2 St. I. Semester: Säugethiere. II. Semester: Gliederthiere und Weichthiere nach Pokorny.
G. O. Kisch.

Schönschreiben 2 St. nach Pokorny's Schreibtheken.
Carl Koller.

Zeichnen 4 St. gemeinschaftlich mit den übrigen Klassen des Gymnasiums. Anfangsgründe des Landschaftzeichnens.
Carl Koller.

II. Klasse. Klassenlehrer: C. F. Sutoris.

Religion 2 St. Glaubens- und Heilslehre; Eintheilung des Kirchenjahres nach Michaelis' Confirmandenbüchlein. Bibellesen.
M. Gondosch.

Latein 8 St. Formenlehre der selteneren und unregelmäßigen Flexionen nach Kühner's Elementargrammatik 2. und 4. Kurs. Alle 14 Tage häusliche Uebersetzungsaufgaben.
Alle 8 Tage eine Composition.
Der Klassenlehrer.

Deutsch 4 St. Mehrfach zusammengesetzter Satz. Lesen und Wiedergeben des Gelesenen. Vortrag von memorirten prosaischen und poetischen Stücken. Alle 14 Tage eine schriftliche Arbeit. Sprachlehre: Wurst. Lesebuch: Mager I. Band.
Der Klassenlehrer.

Geographie und Geschichte 3 St. Das Alterthum nach Kapps Leitfaden und Grube's Charakterbildern.
M. Gondosch.

Mathemathik 3 St. Arithmetik: Proprotionen, Regeldetrie, Anwendung derselben. Maß- und Gewichtskunde. Anschauungslehre: Größenbestimmung vielseitiger, geradliniger Figuren. Verwandlung derselben. Moznik: Arithmetik und Anschauungslehre.
G. Decani.

Naturgeschichte 2 St. I. Semester: Vögel, Amphibien, Fische. II. Semester: Botanik. Lehrbuch: Pokorny.
G. O. Kisch.

Ungarisch 2 St. Lesen. Erster grammatischer Unterricht nach Töpler's kleiner Sprachlehre. Uebersetzungsbeispiele.
G. Galter.

Schönschreiben 2 St. nach Pokorny's Schreibtheken.
M. Gondosch.

Zeichnen 4 St. Blumen- und Landschaftzeichnen nach W. Hermes' systematischer Zeichnenschule.
C. Koller,

III. Klasse. Klassenlehrer: Carl Poschner.

Religion 2 St. Bibelkunde des alten und neuen Testamentes. Unterscheidungslehren der 4 christlichen Hauptkirchen. Bibellesen.
Der Klassenlehrer.

Latein 6 St. Lesen 4 Stunden. Cornelius Nepos: Praefatio. Epaminondas, Pelopidas, Agesilaus, Eumenes, Phocion, Timoleon. 1 St. Grammatik nach Kühner's Elementargrammatik 5. Cursus. 1 St. abwechselnd mündliche Uebersetzung aus dem Deutschen ins Lateinische und Kompositionen. Alle 14 Tage ein Pensum.
Der Klassenlehrer.

Griechisch 5 St. Formenlehre der regelmäßigen Flexionen bis zum Perfectstamm, nach Curtius' griechischer Schulgrammatik. Lesebuch: Schenkl's griechisches Elementarbuch.
Im 2. Semester alle 14 Tage ein Pensum.
Der Klassenlehrer.

Deutsch 3 St. Grammatik: Periodenbau. Lesen und Vortragen aus Mager's Lesebuch 2. Bd.
Alle 14 Tage ein schriftlicher Aufsatz.
Der Klassenlehrer.

Geographie und Geschichte 3 St. Mittlere und neuere Geschichte nach Kapp's Leitfaden und Grube's Charakterbildern.
M. Gondosch.

Mathematik 3 St. Arithmetik: Buchstabenrechnung, Klammern, Potenzen, Ausziehen der Quadrat- und Kubikwurzeln, Permutationen und Kombinationen. Anschauungslehre: Kreis; Konstruktionen in und um denselben. Moznik: Arithmetik und Anschauungslehre.
Gustav Decani.

Naturgeschichte und Physik 2 St. I. Semester: Mineralogie nach Fellöcker.
G. O. Kisch.

II. Semester: Physik: Allgemeine Eigenschaften, Aggregatszustände, Grundstoffe, Wärmelehre nach Schabus.
Friedrich Sutoris.

Ungarisch 2 St. Regelmäßiges Zeitwort. Die Zeitwörter „können" und „lassen." Die Endungen „lak" und „lek." Töpler's kleine Sprachlehre.
Georg Galter.

Zeichnen 4 St. Schattirte Landschaften mit steter Hindeutung auf das Zeichnen nach der Natur.
Carl Koller.

IV. Klasse. Klassenlehrer: Michael Gondosch.

Religion 2 St. Christliche Kirchengeschichte nach Bischof's Leitfaden.
Wilhelm Wohl.

Latein 6 St. Lesen 5 St. Caesar: bellum gal. V. 1—30. VII. 1—23. 1 St. Grammatik, Tempus- und Moduslehre nach Kühner's Elementargrammatik.
Alle 14 Tage eine Komposition und ein Pensum.
Der Klassenlehrer.

Griechisch 4 St. Verba auf mi und unregelmäßige Zeitwörter, nach Curtius' griech. Grammatik. Uebersetzungen der Uebungsstücke aus Schenkl's Elementarbuch. Lektüre von äsopischen Fabeln.
Alle 14 Tage ein Pensum.
Carl Csallner.

Deutsch 3 St. Lesen und Vortragen aus Mager's Lesebuch II. Bd. Deutsche Verslehre. Geschäftsaufsätze.
Alle 14 Tage eine schriftliche Arbeit.
Wilh. Wohl.

Geographie und Geschichte 3 St. Schluß der neueren und neueste Geschichte nach Rapp's Leitfaden. Zusammenfassende und ergänzende Wiederholung des geographischen Unterrichtes. Hauptpunkte der österreichischen Vaterlandskunde nach Heufler-Warhanek. Siebenbürgische Geographie und Geschichte, nach Binder und Dr. Teutsch.
Friedrich Storch.

Mathematik 3 St. Arithmetik: Zusammengesetzte Verhältnisse, Gleichungen des 1. Grades mit einer Unbekannten. Anschauungslehre: stereometrische Anschauungslehre, Körperinhaltsberechnung. Moznik: Arithmetik und Anschauungslehre.
Gust. Decani.

Physik 3 St. Lehre vom Gleichgewicht und der Bewegung; Schall, Magnetismus, Elektrizität, Licht und strahlende Wärme. Astronomie und physische Geographie, nach Schabus.
Fr. Sutoris.

Ungarisch 2 St. Unregelmäßige Zeitwörter. Die unabänderlichen Redetheile. Beiderseitige Uebersetzungsübungen.
G. Galter.

Zeichnen 4 St. Wie in Klasse 3.
C. Koller.

Französisch 2 St. Substantiv und Artikel, Adjektiv, Zahlwort und ein Theil des Pronomens, nach Ahn's Grammatik.
Dr. Schneider.

V. Klasse. Klassenlehrer: Carl Csallner.

Religion 2 St. Einleitung in das Alte und Neue Testament, nach Niemeyer. Bibellesen.
Carl Poschner.

Latein 6 St. Lesen: Livius lib. XXI. 1—21, XXIII. 1—17. Ovid's Metamorphosen lib. I., 163—416, II., 1—129. III., 511—733. 1 St. Grammatik, nach Madvig-Tischer §. 208—372.
 Alle 14 Tage ein Pensum.
 Alle 4 Wochen eine Komposition.
Der Klassenlehrer.

Griechisch 5 St. Lesen: Xenophon's Cyropaedie lib. II. 1. 2. Homer's Ilias. lib. III. und XXIV. 1—265. 1 St. Grammatik, nach Curtius. Lehre von den Casus und Präpositionen.
 Alle 4 Wochen ein Pensum.
Der Klassenlehrer.

Deutsch 3 St. Lesen und Erklären ausgewählter Stücke aus Mager's Lesebuch, 3. Bd. Minna von Barnhelm. Alle 3 Wochen eine schriftliche Arbeit.

Der Klassenlehrer.

Geographie und Geschichte 3 St. Alte Geschichte bis zur Völkerwanderung, nach Dr. G. Weber's Handbuch.

Wilhelm Wohl.

Mathematik 4 St. Algebra: Zahlensystem, Begriff der Grundoperationen, Ableitung der negativen, irrationalen und imaginären Größen. Eigenschaft und Theilbarkeit der Zahlen. Geometrie: Planimetrie. Mocnik's Algebra und Geometrie.

Gustav Decani.

Naturgeschichte 2 St. I. Semester: Mineralogie, nach Fellöcker. II. Semester: Botanik, Pflanzenphysiologie, geographische Verbreitung der Pflanzen, nach Leunis.

G. O. Kisch.

Ungarisch 2 St. Gelesen wurden einige Briefe von Mikes Kelemen, dann einige Scenen aus dem Drama: Kemény Simon von Kisfaludi Károly, endlich Stephan der Heilige und seine Gesetzgebung von Virág Benedek. Grammatik: Die Wortbildung im Ungarischen nach Töpler's größerem Handbuche.

G. Galter.

Zeichnen 4 St. Ausgeführte Landschaften und ganz schattirte Köpfe, beides mit Bezug auf das Zeichnen nach der Natur. Beim Kopfzeichnen wurde das Nothwendigste über Anatomie mitgetheilt. Vorlage: Berliner Zeichenlehrer von W. Hermes.

C. Koller.

Französisch 2 St. Das Pronomen und Verbum, nach Ahn's Grammatik.

C. Lorsch.

VI. Klasse. Klassenlehrer: Dr. Immanuel Schneider.

Religion 2 St. Christliche Sittenlehre nach Niemeyer.

Gustav Gunesch.

Latein 6 St. Sallust's conjuratio Catil. Virgils Aeneis.
II. Buch. Cicero's oratio I. in Catilinam. 1 Stunde Grammatik nach Madvig-Tischer.
Alle 14 Tage eine häusliche Arbeit oder eine Composition.
Der Classenlehrer.

Griechisch 5 St.: Lesen: Homer's Ilias lib. XVI. XVII. 1—123. Herodot VI, 1—81. Grammatik 1 Stunde nach Curtius, cap. 19—25.
Alle 4 Wochen ein Pensum.
Carl Lorsch.

Deutsch 4 St. 1. Semester: Mittelhochdeutsche Lektüre nach Reichels' Lesebuch. II. Semester: Lessing's Nathan und ausgewählte Stücke aus Mager's III. Bd.
Alle 3 Wochen ein Aufsatz.
Der Classenlehrer.

Geographie und Geschichte 3 St. Von der Völkerwanderung bis zum 30jährigen Kriege nach Dr. G. Weber's Handbuch.
Friedrich Storch.

Mathematik 3 St. Algebra: Potenzen, Wurzeln, Logarithmen, Gleichungen des 1. Grades mit mehreren Unbekannten. Reduktionen algebraischer Ausdrücke. Geometrie: Trigonometrie und Stereometrie.
Gustav Decani.

Naturgeschichte 2 St. Zoologie, Physiologie und geographische Verbreitung der Thiere nach Giebel.
G. O. Kisch.

Ungarisch 2 St. Gemeinschaftlich mit Classe VII. Ungarische Idiotismen und Etwas über die Prosodie. Gelesen wurde Viszontlátás von Kisfaludy Károly. Péter Czár nach Toepler, einige Dichtungen von Berzsenyi und D'Arc Johanna, Orléani szűz von Szilagyi Ferencz.
G. Galter.

Zeichnen 2 St. Wie die vorige Klasse.
C. Koller.

Französisch 2 St. Gemeinschaftlich mit Klasse VII. Gelesen wurde Voltaire's Charles XII. liv. 1 und 2.
Der Klassenlehrer.

VII. Raffe Klaffenlehrer: Carl Lorsch.

Religion 2 St. Chriſtliche Kirchengeſchichte nach Niemeyer; Reformationsgeſchichte der Sachſen in Siebenbürgen; jetzige Kirchenverfaſſung derſelben.
Wilh. Wohl.

Latein 6 St. Lektüre: Virgil's Eclogen 1, 4, 5, 9. Aeneis V. Georgicon IV, 1—280. Cicero: orat. in Catilinam III. und IV. pro Sulla §. 1—60. 1 Stunde Grammatik nach Madvig-Tiſcher §. 455—496.
Alle 3 Wochen ein Penſum oder eine Kompoſition.
Der Klaſſenlehrer.

Griechiſch 4 St. Leſen: Demosthenes VI. VIII 1—56. Sophocles: Oed. tyr. 1—1085. Grammatik 1 Stunde nach Curtius cap. 26 und 27.
Alle 4 Wochen ein Penſum.
Der Klaſſenlehrer.

Deutſch 3 St. Leſen: Schiller's Tell, die beiden Piccolomini, Wallenſtein's Tod. Aus Leſſings Laokoon. Ausführliche Biographien von Wieland, Klopſtock, Leſſing und Herder.
Alle 3 Wochen ein Aufſatz.
Georg Bertleff.

Geographie und Geſchichte 3 St. Von den Entdeckungen bis 1850. nach Dr. G. Weber's Handbuch.
Der Direktor.

Mathematik 3 St. Algebra: Unbeſtimmte Gleichungen des 1. Grades, Quadratiſche Gleichungen, Progreſſionen, Combinationslehre, binomiſcher Lehrſatz. Geometrie: Anwendung der Algebra auf Geometrie, analytiſche Geometrie. Moznik: Algebra und Geometrie.
Daniel Csallner.

Phyſik 3 St. Lehre von den Eigenſchaften der Körper. Gleichgewicht und Bewegung der feſten und flüſſigen Körper. Dynamik. Wellenbewegung. Schall. Lehrbuch: Schabus.
Daniel Csallner.

Philoſophiſche Propädeutik 2 St. Logik nach Beck.
Wilh. Wohl.

Ungarisch	Gemeinschaftlich	2 St.	G. Galter.
Zeichnen	mit Klasse VI.	4 St:	C. Koller.
Französisch		2 St.	Dr. Schneider.

VIII. Klasse. Klassenlehrer: Wilhelm Wohl.

Religion: 2 St. Dogmatik nach Niemeyer.

Daniel Csallner.

Latein 6 St. Tacitus' Agricola. Annal. lib. XV, cap. 38—73. Horat. odarum lib. I. 1, 3, 4, 7, 12, 14, 20, 22, 28, 31, 35. lib. II. 2, 3, 6, 7, 10, 13, 14, 16, 17, 18. lib. III. 2, 3, 4, 8, 24, 29. lib. IV. 5, 9. 15. Epod. 1, 2. 9. Satirarum lib. I. 1, 6, 9. lib. II. 2, 6, 8. Epistol. lib. II. 1.
  1 Stunde wöchentlich mündliche Uebersetzung aus dem Deutschen ins Lateinische.
  Alle Monate eine Komposition.
  Alle 3 Wochen ein Pensum.

Der Direktor.

Griechisch 5 St. Sophokles' Elektra. Plato's Apologie und Kriton. Grammatik 1 Stunde nach Curtius.
  Alle 3 Wochen ein Pensum.

Dr. Schneider.

Deutsch 3 St. Biographien von Schiller und Goethe. Lektüre von Musterstücken klassischer Dichter, darunter Hermann und Dorothea, Iphigenia, Torquato Tasso, u. s. w.
  Freie Vorträge in 3 Wochen je 2.
  Alle 3 Wochen eine schriftliche Arbeit.

Der Klassenlehrer.

  1 St. Regelmäßige wöchentliche Deklamationsübungen memorirter Stücke, gemeinschaftlich mit Klasse VI. und VII.

Daniel Csallner.

Geographie und Geschichte 3 St. Oesterreichische Statistik. Siebenbürgische Geschichte nach Dr. G. D. Teutsch.

Fried. Storch.

Mathematik 2 St. Wiederholung des in den früheren Klassen vorgetragenen Stoffes durch Lösung dahin einschlägiger Aufgaben.

Daniel Csallner.

Physik 3 St. Magnetismus, Elektrizität, Licht und Wärme. Astronomie, nach Schabus.

Daniel Csallner.

Philosophische Propädeutik 2 St. Psychologie nach Beck.

Der Klassenlehrer.

Hebräische Sprache 3 St. Elementar- und Formenlehre. Uebersetzt wurden alle eingestreuten Uebersetzungsaufgaben und die zusammenhängenden Lesestücke Nr. 1—8, 20, 22. Psalm 1, 3, 13, 15, 29, 46, 137. Dr. G. H. Seffer's Elementarbuch der hebräischen Sprache.

Fried. Storch.

Den Turnunterricht im Gymnasium wie in der Realschule und dem Seminar ertheilte während der Sommermonate in zwölf wöchentlichen Stunden der Turnlehrer

S. Fr. Gunesch.

Aufgaben
zu den deutschen Aufsätzen im Obergymnasium.

V. Klasse.

1. Mein Lieblingsplatz. 2. Der Brand in Heidendorf, Schilderung. 3. Der Parteikampf in Capua vor der Uebergabe an Hannibal, nach Livius. 4. Wozu dienen die Wälder? 5. Gedanken eines Nachtwächters am Weihnachtsabende. 6. Was bewegt mich zum Fleiße? 7. Morgenstund hat Gold im Mund. 8. Die Annehmlichkeiten einer Fußreise. 9. Hannibal in Spanien, nach Livius. 10. Lebensgeschichte eines alten Kreuzers. 11. Ovid's metamorph.

lib. III. 708 bis Ende metrisch zu übersetzen. 12. Am Maimorgen. Gedicht. 13. Wäre es gut, wenn die Menschen die Zukunft wüßten? 14. Das Schulfest, Gedicht in Hexametern. 15. Der Schieferberg, eine Beschreibung.

VI. Klasse.

1. Die Haupthindernisse eines erfolgreichen Studiums und die beste Weise, sie zu beseitigen. 2. Welches ist der Zweck der Schulfeste und wie wird er erreicht? 3. Wie die Saat, so die Erndte. 4. Welche Gründe bestimmten Catilina, zu Rom eine Verschwörung anzustiften? 5. Wozu errichtet man berühmten Männern Bildsäulen und andere derartige Denkmäler? 6. Neujahrswunsch eines Schülers an einen Gönner, der denselben in seinen Studien unterstützt. 7. Die Winterlandschaft, ein beschreibendes Gemälde. 8. Geschichte der Nibelungen bis zu Siegfried's Tod. 9. Die Exposition in Lessings Nathan. 10. Die Fabel von den Ringen in Lessings Nathan und ihre Bedeutung. 11. Die Osterzeit. Gedicht. 12. Mit welchem Rechte nennt Ovid die Metalle: irritamenta malorum? 13. Die segensreichen Folgen der Arbeit. 14. Der Nutzen des Reisens.

VII. Klasse.

1. Die Gesinnung und Handlungsweise des braven Mannes gegenüber der Noth des Nächsten. Tell 1. Akt, 1. Sc.
2. Des Menschen Engel ist die Zeit.
3. Gustav Adolf ermuthigt sein Heer vor der Schlacht bei Lützen.
4. Die Frauen in Schiller's Tell.
5. Machet nicht viel Federlesen,
   Schreibt auf meinen Leichenstein:
   Dieser ist ein Mensch gewesen
   Und das heißt ein Streiter sein." Göthe.
6. Welches sind die Bande, die uns an das Vaterland knüpfen?
7. Lebensgeschichte eines Pferdes.
8. Worauf beruhte das große Ansehen der Geistlichen im Mittelalter?
9. Der Heilige am Kreuze. Charfreitags-Rede.
10. Die Kunst zu vergessen.

11. Wodurch bewegt die Gräfin Terzky Wallenstein, sich mit den Schweden zu verbinden?
12. Ist Albert Buttler von Schiller so dargestellt, daß sich keine Widersprüche in seinem Charakter finden?

VIII. Klasse.

1. Warum spricht man bei Unterhaltungen so häufig vom Wetter? 2. Heilig sei dir der Tag, doch schätze das Leben nicht höher als ein anderes Gut; und alle Güter sind trüglich. 3. Die Kunst zu schweigen. 4. Ob Undank wirklich der Welt Lohn sei? 5. Frauensand. Poetische Bearbeitung einer Sage. 6. Der Unglücksvogel. 7. Warum ist der Verrath des Pausanias so auffällig? 8. Der Heilige am Kreuze. Charfreitags-Rede. 9. Hoffnung und Erinnerung. 10. Warum ist die Jugend die Blüthezeit der Freundschaft? 11. Ferro nocentius aurum. Chrie. 12. Die Pharisäer. 13. Hilf dir selbst, so hilft dir Gott. 14. Charakteristik der Personen in Göthe's Iphigenie.

Themate der freien Vorträge.

1. Hannibal vor seinem Tode; in gebundener Rede. 2. De mortuis nil nisi bene. 3. An einer Brandstätte; Rede. 4. Jeder ist seines Glückes Schmied. 5. Die Eroberung Britanniens durch die Römer. Nach Tacitus' Agricola. 6. Die Sprache der herbstlichen Natur. 7. Welche Ereignisse der letzten Hälfte des 15. und der ersten des 16. Jahrhunderts haben in kulturgeschichtlicher Beziehung den größten Einfluß auf die Menschheit ausgeübt? 8. Bis dat, qui cito dat. 9. Der Herzog von Alba in Göthe's Egmont und Schiller's Don Carlos. 10. Esse potius quam haberi. 11. Nil sine magno vita labore dedit mortalibus. Horat. Sat. I. 9. 59. 12. Wohl denen, die des Wissens Gut nicht mit dem Herzen zahlen. 13. Arminius an seine Waffenbrüder vor der Schlacht im Teutoburger Walde. 14. Verzeih' Dir Nichts, Andern Viel! 15. Monolog eines Nachtwächters. 16. Wie drückt Horaz den Satz: „Jeder ist sterblich" bildlich aus? 17. Sparen ist ein großer Zoll. 18. Das Kirchlein. Poetische Bearbeitung einer Sage. 19. Der Einfluß des Eisens auf die Entwicklung des Menschen.

Lehrverfassung
der mit dem Seminare vereinigten Realschule.

I. Klasse. Klassenlehrer: G. O. Kisch.

Religion 2 St. I. und III. Hauptstück nach Michaelis' Confirmandenbüchlein.
Friedrich Lang.

Deutsch 5 St. Einfacher Satz. Uebersicht über die Satzformen im Allgemeinen. Rechtschreibung. Lesen, Erklären, Memoriren prosaischer und poetischer Stücke aus Lüben und Nacke's Lesebuch 4. Theil.
Alle 14 Tage eine schriftliche Arbeit nachahmender Art.
Gustav Gunesch.

Geographie 3 St. Hauptpunkte der mathematischen, physischen und politischen Geographie, nach Bellinger.
Wilhelm Wohl.

Arithmetik 3 St. Gemeine und Dezimalbrüche; wälsche Praktik; Kettenbrüche. Lehrbuch: Moznik.
Mich. Gondosch.

Naturgeschichte 2 St. I. Semester: Zoologie. II. Semester Botanik nach Pokorny.
Der Klassenlehrer.

Physik 2 St. Allgemeine Eigenschaften und verschiedene Aggregatszustände der Körper, nach Schabus.
Der Klassenlehrer.

Geometrie 2 St. Formen- und Konstruktionslehre. Grundlehren der Planimetrie bis zu den Lehrsätzen über die Aehnlichkeit der Dreiecke. Lehrbuch: Moznik.
Carl Koller.

Zeichnen 8 St. I. Semester: Zeichnen geometrischer Figuren mit freier Hand. II. Semester: Zeichnen nach Modellen.
Carl Koller.

Ungarisch 2 St. Wie II. Gymnasialklasse.
G. Galter.

II. Klasse. Klassenlehrer: Georg Bertleff.

Religion 2 St. II., IV. und VI. Hauptstück nach Michaelis' Confirmandenbüchlein. Kurze Einleitung in die bibl. Schriften. Bibellesen.
Der Klassenlehrer.

Deutsch 5 St. Lesen, Erklären, Memoriren, Vortragen nach Lüben und Nacke's Lesebuch 5. Thl. Schriftliche Uebungen angeknüpft an das Gelesene.
Alle 14 Tage eine häusliche Arbeit.
Der Klassenlehrer.

Geographie und Geschichte 3 St. Die wichtigsten Momente der alten und mittleren Geschichte. Neuere Geschichte bis zum 30jährigen Kriege. Geographie der betreffenden Länder und Reiche, nach Kapp's Leitfaden.
Der Klassenlehrer.

Arithmetik 3 St. Potenziren; Ausziehen der 2. und 3. Wurzel; Verhältniß- und Proportionslehre; Prozent- und einfache Zinsrechnung; Terminrechnung; einfache und zusammengesetzte Regeldetri; Kettensatz; Gesellschafts- und Allegationsrechnung. Lehrbuch: Moznik.
G. O. Kisch.

Naturgeschichte im I. Semester 2 St. Mineralogie, nach Fellöcker.
G. O. Kisch.

Physik im I. Semester 2, im II. Semester 4 St. Lehre vom Gleichgewicht — Bewegung — Schall — Magnetismus und Elektricität — Licht und strahlende Wärme. — Elemente der Astronomie und physischen Geographie, nach Schabus.
G. O. Kisch.

Geometrie 2 St. I. Semester: Formen- und Konstruktionslehre. II. Semester: Stereometrische Größenlehre. Lehrbuch: Moznik.
Carl Koller.

Zeichnen 8 St. Kopfzeichnen. Kopirung ausgeführter Ornamente. Lehrmittel: Taubinger's Figurenschule.
Carl Koller.

Schönschreiben 2 St. gemeinschaftlich mit Realklasse I., nach Pokorny's Schreibtheken.
Carl Koller.

Ungarisch 2 St. Wie die III. Gymnasialklasse.
Georg Galter.

III. Klasse. Klassenlehrer: Gustav Gunesch.

Religion 2 St. In diesem Jahre gemeinschaftlich mit der IV. Seminarklasse.
Der Klassenlehrer.

Deutsch 4 St. Lesen, Erklären, Memoriren und Vortragen prosaischer und poetischer Stücke aus Lüben und Nacke's Lesebuch 5. und 6. Theil. Grammatik: Zusammengesetzter Satz; Arten der Nebensätze; Zeichensetzung. Alle 14 Tage eine schriftliche Arbeit.
Der Klassenlehrer.

Geographie und Geschichte 3 St. Von den Entdeckungen bis zur Gegenwart, nach Kapp's Leitfaden und Grube's Charakterbildern.
Der Klassenlehrer.

Mathematik 3 St. Intressen-Termin-Provisionsrechnung und Wechselrecht; Geschäftsbuchhaltung; Zollkunde.
Gustav Decani.

Chemie 6 St. Unorganische und organische Chemie nach Berr's Chemie für Unterrealschulen.
Daniel Csallner.

Zeichnen 8 St. Kopfzeichnen 4 St. Bauzeichnen 4 St.
Carl Koller.

Baukunst 2 St. Baumaterialienlehre; Holzkonstruktionen; Mauerwerk; Dachstühle; Dippel-, Tram- und Bohlenböden; Gewölbe; Schließen; Fundamente; Säulenordnungen. Lehrbuch: Gabriely.
Carl Koller.

Ungarisch 2 St. Wie die IV. Gymnasialklasse.
G. Galter.

IV. nicht kombinirte Klasse. Klassenlehrer: Friedrich Storch.

Religion 3 St. Sitten- und Glaubenslehre nach Niemeyer.
Gustav Gunesch.

Deutsch 3 St. Lesen, Memoriren und Vortragen poetischer und prosaischer Lesestücke aus Lüben-Nacke's Lesebuch 6. Thl. Alle 14 Tage eine schriftliche Arbeit.
Der Klassenlehrer.

Geographie und Geschichte 3 St. Geschichte des östreichischen Staates mit beständiger Rücksicht auf die deutsche Gesch.
Georg Bertleff.

Mathematik 1 St. Wiederholung des gesammten Lehrstoffes. Methode des Rechenunterrichtes.
G. O. Kisch.

Naturgeschichte 1 St. Wiederholung des Lehrstoffes und Methode des naturgeschichtlichen Unterrichts.
G. O. Kisch.

Pädagogik 5 St. 3 Stunden Psychologie und allgemeine Erziehungslehre nach Fr. Körner's „Volksschullehrer." 2 Stunden praktische Lehrübungen in der Elementarschule, im Schreib-, Lese- und Anschauungsunterricht unter der Leitung des Lehrers.
Der Klassenlehrer.

Zeichnen 4 St. Kopfzeichnen nach L. Taubingers ausgeführten Kopfstudien.
Carl Koller.

Acker- und Gartenbau 2 St. Obstkultur, theoretisch und praktisch.
Georg Bertleff.

Musik 8 St. 5 Stunden Instrumentalmusik. 3 Stunden Generalbaßlehre.
Josef Pöffel.

V. nicht kombinirte Klasse fehlte in diesem Jahre.

Aufgaben
zu deutschen Aufsätzen in der IV. Seminarklasse.

1. Welche Jahreszeit ist die schönste? 2. Der Mensch und der Baum. Vergleichung. 3. Welchen Einfluß hat das Feuer auf die Kultur der Menschheit ausgeübt? 4. Freuden und Leiden eines Weinbauers. Schilderung. 5. Welches waren die Ursachen der schnellen Verbreitung des Christenthums? 6. Welche Rolle spielt das Papier in der Welt? 7. Welche Wissenschaft zieht mich am meisten an? 8. Der Christabend. Eine Schilderung. 9. In wiefern bedroht Armuth das sittliche Leben des Menschen? (Klausurarbeit). 10. Soll Spinne oder Biene oder Ameise unser Vorbild sein? 11. Die Natur vor und nach Sonnenaufgang. 12. Der Mensch im Kampf mit der Natur. 13. Ist Blindheit oder Taubheit das größere Uebel? 14. Das Alter muß man ehren. 15. Kann nicht auch die Hoffnung für den Menschen eine Quelle der Uebel werden? 16. Die Zigeuner in Siebenbürgen. Ethnographische Skizze. 17. Der Thätige und der Träge. 18. Der Nutzen des Handels. 19. Kleine Ursachen haben oft große Folgen (Klausurarbeit).

Uebersicht
der Schüler nach Nation und Religion.

A. Am Gymnasium.

In der Klasse	Nation				Religion					Vom Schulgelde befreit	Zusammen
	Deutsche	Ungarn	Romänen	Polen	Evangl.		Römisch-katholisch	Griechisch.			
					luth.	refor.		unirt	n. unirt		
VIII.	6	—	—	—	6	—	—	—	—	—	6
VII.	6	—	—	—	5	—	1	—	—	1	6
VI.	3	—	—	—	3	—	—	—	—	—	3
V.	6	—	1	—	6	—	—	—	1	—	7
IV.	12	2	3	—	11	—	3	2	1	2	17
III.	13	—	1	—	12	—	1	1	—	—	14
II.	13	1	8	—	12	—	2	8	—	3	22
I.	25	5	8	—	20	2	8	7	1	4	38
Zusam.	84	8	21	—	75	2	15	18	3	10	113

B. An der mit dem Seminar vereinigten Realschule.

In der Klasse	Nation				Religion					Vom Schulgelde befreit	Zusammen
	Deutsch	Ungarn	Romänen	Polen	Evangl.		Römisch-katholisch	Griechisch			
					luth.	refor.		unirt	n. unirt		
IV.	7	—	—	—	7	—	—	—	—	7	7
combinirt { III.	5	—	—	—	1	—	4	—	—	1	5
II.	8	—	—	—	7	—	1	—	—	4	8
I.	19	1	—	—	17	1	2	—	—	1	20
Zusam.	39	1	—	—	32	1	7	—	—	13	40

C. An der Elementarschule.

In der Klasse	Nation				Religion					Vom Schulgelde befreit	Zusammen
	Deutsche	Ungarn	Romänen	Polen	Evangl.		Römisch-katholisch	Griechisch			
					luth.	refor.		unirt	n. unirt		
III.	55	3	11	1	48	—	11	10	1	11	70
II.	60	6	5	1	54	3	11	3	1	19	72
I.	82	3	12	—	67	—	18	11	1	36	97
Zusam.	197	12	28	2	169	3	40	24	3	66	239

Bewegung

seit Schluß des Schuljahres 1862/3.

A. Am Gymnasium.

In der Klasse	Waren am Schluße des vorigen Schuljahres	Aus ihr sind in die höhere Klasse versetzt worden	Aus ihr sind abgegangen	In dieselbe sind aus der niedern Klasse versetzt worden	In dieselbe sind aufgenommen worden	Sind gegenwärtig
VIII.	6	—	8	8	—	6
VII.	10	8	2	6	—	6
VI.	6	6	2	5	—	3
V.	7	5	3	8	—	7
IV.	13	8	5	17	—	17
III.	21	17	8	18	—	14
II.	23	18	6	23	—	22
I.	35	23	12	30	8	38
Zusammen	121	85	46	115	8	113

B. An der mit dem Seminar vereinigten Realschule.

In der Klasse		Waren am Schluße des vorigen Schuljahres	Aus ihr sind in die höhere Klasse versetzt worden	Aus ihr sind abgegangen	In dieselbe sind aus der niedern Klasse versetzt worden	In dieselbe sind aufgenommen worden	Sind gegenwärtig
	V.	5	—	5	—	—	—
	IV.	—	—	—	5	2	7
kombiniert	III.	10	5	4	4	—	5
	II.	4	4	3	11	—	8
	I.	21	12	6	15	2	20
Zusammen		40	21	18	35	4	40

C. An der Elementarschule.

In der Klasse	Waren am Schluße des vorigen Schuljahres	Aus ihr sind in die höhere Klasse versetzt worden	Aus ihr sind abgegangen	In dieselbe sind aus der niedern Klasse versetzt worden	In dieselbe sind aufgenommen worden	Sind gegenwärtig
III.	65	45	10	43	17	70
II.	63	43	4	48	8	72
I.	102	48	11	—	54	97
Zusammen	230	136	25	91	79	239

Zuwachs zur Lehrmittelsammlung.

A. Durch Anschaffung.

Zeitschriften: 1. Zeitschrift für die österreichischen Gymnasien. 2. Unterrichtszeitung für Oesterreich. 3. Blätter für literarische Unterhaltung. 4. Petermanns Mittheilungen. 4 protestantische Monatsblätter von Gelzer. 5. Protestantische Blätter für Oestreich. 6. Zeitschrift für die gesammten Naturwissenschaften von Giebel und Heinz. 7. Allgemeine deutsche Lehrerzeitung. 8. Hermannstädter Zeitung. 9. Deutsche allgemeine Zeitung.

Büchner, physiologische Bilder 1 Bd. Boner, Thiere des Waldes 1 Bd. Lang, religiöse Charaktere 1 Bd. Strauß, Reimarus 1 Band. Bodenstedt, russische Fragmente 1 Band. Venedey, Washington 1 Bd. Franklin 1 Bd. Riehl, deutsche Arbeit 1 Bd. Varnhagen, Tagebücher 1—6. Bd. Pfeiffer, der Dichter der Nibelungen 1 Bd. Mailath, Geschichte der Magyaren 4 Bde. Desselben, Geschichte Oestreichs 4 Bde. Arneth, Prinz Eugen 3 Bde. Weidinger, Hofer 1 Bd. Körte, deutsche Sprichwörter 1 Bd. Scherr, Schiller und seine Zeit 1 Band. Vischer, kritische Gänge 1 Bd. Fieber, Hemiptera 1 Bd. Brauer, Neuroptera 1 Bd. Melanchthon's, Gedichte deutsch 1 Bd. Lüben, der praktische Schulmann 8 Bde. Desselben, Erklärungen zu seinem Lesebuch 2 Bde. Guhl und Kohner, Leben der Griechen und Römer 1 Bd. Pertz, Steins Leben 2 Bde. Beck, von Wessenberg 1 Bd. Raumer's historisches Taschenbuch, als Fortsetzung 1 Bd. Gervinus, Einleitung in die Geschichte des 19. Jahrhunderts 1 Bd. Desselben, Geschichte des 19. Jahrhunderts 6 Bde. Wagner, Lehren der Weisheit 1 Bd. Erdmann, psychologische Briefe 1 Bd. Psychologie 1 Bd. Leib und Seele 1 Bd. Carus, Psyche 1 Bd. Physis 1 Bd. Schaller, Leib und Seele 1 Bd. Gräfe, die Volksschule 3 Bde. Desselben, Pädagogik 2 Bde. Ritter, Geschichte der Erdkunde 1 Bd. Gude, Erläuterungen deutscher Dichter 2 Bde. Roßmäßler, der naturgeschichtliche Unterricht 1 Bd. Roßmäßler, das Wasser 1 Bd. Stoll, Mythologie 1 Bd. Lessing, Torso und Corso 1 Bd. Laube, die Karlsschüler 1 Bd. Bürger, Gedichte 1 Bd. Gerard, Löwenjäger 1 Bd. Nieriß' Erzählungen 3 Bde, Armand, die Heimath 1 Bd. Die Fortsetzung von Rottek und Welcker's Staatslexikon, Bunsens Bibelwerk, Grimms Wörterbuch und Unsere Zeit. Stenographische Verhandlungen des Wiener Reichsrathes 1861—1864 7 Bde. Lustkandl, ungarisch-österreichisches Staatsrecht 1 Bd.

B. Durch Geschenke.

Von der k. k. Akademie der Wissenschaften: Sitzungsberichte der philosophisch-historischen Klasse Bd. 41 und 42. Sitzungsberichte der mathematisch-naturwissenschaftlichen Klasse Bd. 46, 1. Abtheilung, Heft 6—10. 2. Abtheilung, Heft 7—10. Bd. 47, 1. und 2. Abtheilung, Heft 1—7. Archiv: 28. Bd., 2. Hälfte. 29. Bd. 30. Bd., 1. Hälfte. Almanach pro 1863. Bericht über die 32. Naturforscherversammlung 1 Bd. Jahrbuch der geologischen Reichsanstalt für 1863, 4 Bde. Mittheilungen der k. k. Centralkommission zur Erforschung und Erhaltung der Baudenkmäler, Jahrgang 1864, Heft 1 und 2. Von Professor Dr. Schimko in Wien: Der Weltenbau; die Planetenbewohner; die physische Restauration der civilisirten Völker; die homöopathische Heilmethode; Beiträge zur Numismatik, sämmtlich geschrieben von Dr. J. G. Schimko. Von F. Schuler-Libloy, Professor an der Rechtsakademie in Hermannstadt, desselben: Deutsche Rechtsgeschichte 1 Bd.

Mit dem Emilianum — 126 fl. jährlich — betheiligte die Stifterin Frau Emilie Petrizzevich, geborene Maufsch für das Schuljahr 186³/₄ den Schüler der VIII. Klasse Gottfried Kuales und den Schüler der III. Klasse Gottfried Ziegler.

Von den Regius'schen Stipendien erhielt das eine von 5 fl. der Schüler der VII. Klasse Gottfried Poschner, das andere von 2 fl. 10 kr. der Schüler der I. Klasse Michael Hofgräff.

Das Straußenburgische Legat — 31 fl. 50 kr. jährlich — war bei Abschluß des Programmes von dem löblichen evangelischen Presbyterium für dieses Jahr noch nicht verliehen worden.

Die öffentliche Maturitätsprüfung der Gymnasialschüler wurde am Schluße des vorigen Schuljahres am 10. Juli unter der Leitung Sr. Hochehrwürden des Bistritzer Stadtpfarrers und Bezirks-Dechanten M. T. Müller abgehalten. Von den fünf Schülern, welche sich gemeldet hatten, erhielten zwei das Zeugniß „mit Auszeichnung entsprochen," drei dagegen wurden einfach für reif zum Besuch einer Hochschule erklärt.

Unter derselben Leitung wurde am 11. Juli v. Jahres die erste Maturitätsprüfung am hiesigen Volksschullehrer- und Prediger-Seminare auf Grund des vom Hochlöblichen Oberkonsistoriums genehmigten und im Schuljahre 185⁸/₉ eingeführten Planes, abgehalten. Die Prüfung lieferte für die erste Probe ein erfreuliches Resultat. Von den fünf Schülern der V. Seminarklasse erhielt einer das Zeugniß mit Auszeichnung, vier wurden mit dem Zeugniß der Reife entlassen.

Am Schluße des heurigen Schuljahres werden die öffentlichen Prüfungen und die Abgangsprüfung der Gymnasiasten in den Tagen vom 10—14. Juli abgehalten werden, wozu hiemit sämmtliche Freunde der Anstalt freundlichst eingeladen werden.

Das nächste Schuljahr wird mit dem ersten September eröffnet. Die Aufnahmsprüfungen werden den 29—31. August abgehalten.

Heinrich Wittstok,
Direktor.